KB014639

동양평화론

동양평화론

비판정본

안중근 지음

東洋平和論

독도 | 讀 길을 道 읽다 ❶

독도 도서관친구들

차례

이게, 참평화이다

안재원 | 서울대학교, 서양고전학

1. 왜 「동양평화론」인가?

이 책은 '독도디지털도서관'의 첫 열매이다. '독도디지털도서관'
은 책 읽는 책심을 키우고 퍼트리기 위해 '사단법인 독도도서관
친구들'이 만든 누림터이고, '독도도서관친구들'은 이곳을 가꾸고
돌보며 지키는 사람들의 모임이다. 이 누림터의 첫 자리에 「동양
평화론」을 심어놓은 것은 다음의 이유에서다. '독도디지털도서관'
의 정체성과 추구하는 목적에 가장 부합하는 글이 「동양평화론」
이기 때문이다. '독도디지털도서관'의 목적은 한반도의 통일과 동
양평화와 세계평화를 염원하는 사람들의 공부터이자 놀이터, 누
림터를 만드는 것이다. 누구나 인정하듯이, 대한민국과 동양의 현
대 역사에서 안중근의 「동양평화론」이 지닌 가치와 의의는 이미
학술적인 논쟁 너머에 서 있다. 이 글은 서구 열강의 패권 제국주

의와 일본 제국의 침략주의, 그리고 이런 야심을 숨기고 한일병탄을 주도한 이등박문伊藤博文, 1841~1909의 '극동평화론'에 대응하기 위해 제안된 것이기 때문이다(이에 대해서는 뒤에서 상술하겠다). 안중근은 동양평화를 위해 원대하고 담대한 기획을 제시하는데, 그 기획은 사실 이제 막 시작되었고, 한반도의 통일과 동양평화 체제를 구축하고 이를 바탕으로 세계 평화체제를 구축하며 마무리될 것이다. 비록 서문과 전감前鑑만 완성하고 본론에 해당하는 현상現狀·복선伏線·문답問答을 완성하지 못했지만, 그 본론은 말이 아니라 실천을 통해서 현실로 완성될 것이다. 그 출발 기지가 '독도디지털도서관'이고, 「동양평화론」은 첫 삽이라고 할 수 있다.

이번에 펴내는 『동양평화론』은 서양고전문헌학의 방법론에 기초해서 만든 비판정본이다. 이 비판정본editio critica은 2018년 1월 1일부터 6월 30일까지 수행된 '제1차 독도디지털도서관 구축을 위한 모형 연구'와 2018년 9월 1일부터 2019년 3월 1일까지 수행된 '제2차 독도디지털도서관'을 구축하는 작업을 바탕으로 탄생하였다. 비판정본은 다음과 같은 과정으로 만들어졌다. 문헌의 전승과 관련해서, '독도디지털도서관 글두레'(이하 독도글두레)는 후대의 연구자들이 원본에 가장 가까운 필사본에 있는 표점들을 임의로 지우거나 혹은 임의로 찍어놓는 사례들이 많음을 확인하였다. 특히 영인본을 제작할 때, 필사본에서 함부로 임의 변형시키거나 조작해서는 안 되는 것들이 있는데, 이런 사례들을 찾아내어서 비판장치에 표기해두었다. 독도글두레는 원문을 다룸에 있어 문헌학적으로 보수적인 입장에서 비판정본 작업을 수행하였다. 학술적인 관점에서 독도글두레는 한국어문과 한국한문의 비판정본 작업을 수행하면서 만나게 되는 오류의 종류와 이를 이용해서 비판장치를 기술할 수 있는 전문 용어들을 확보할 수 있었다. 이런 과정을 통해 두 가지 의미 있는 성과를 이루었다. 한편으로 독도디지털 비판정본의 비판장치를 구성하는 술어들의 표준과 통일을 위한 기반을 확보하였다. 이는 후속으로 진행될 비판정본에서 속도와 작업의 효율성을 높일 수 있다는 점에서 중요하다. 다른 한편으로, 이번에 확보된 비판장치 술어들이 한국 학술에는 아직 제대로 소개되지 않은 비판정본 방법론으로 확장되어 활용될 것으로 기대된다. 또한 독도글두레는 원문을 검증하는 과정에서 예컨대 국사편찬위원회가 '한국사 데이터베이스'에 구축한 디지털 자료들에 오류가 심각할 정도로 많음을 확인하였다. 이에 대한 교정과 시정이 시급함을 지적하고자 한다. 또한 독도글두레는 기존의 번역들이 연구 주해 없이 한국어로 옮겼다는 사실을 새로이 확인하였다. 이 번역들은 본문을 구성하는 개별 단어들에 대한 엄밀한 조사 없이 현대적인 뜻으로 옮긴 것들이었다. 이에 두 가지 사항이 시급함을 지적하고자 한다. 하나는 본문을 구성하는 개별 단어들에 대한 엄밀한 의미 고증이고, 다른 하나는 한국어가 중세어에서 근세어 또는 현대어로 전환되는 시기의 언어 변화를 알려주는 한국어 사전의 구축이다.

이번 비판정본을 만드는 과정에서 「동양평화론」에 대한 기존 논의와 연구는 소논문만 해도 이미 수백여 편이 넘는다는 사실을 확인하였다. 후속 연구를 위해서 서지 정보를 참고문헌에 밝혀두었다. 단행본이든 소논문이든 이 연구들의 문제점을 분류해보면, 크게 세 범주로 나뉜다. 첫째, 「동양평화론」의 문헌 전승의 사정은 다음과 같다. 안중근의 친필 원고는 아직 발견하지 못했다. 일본인들이 옮겨 적은 필사본(일본 국립국회도서관 소장본, 이하 국회본)이 있고, 윤병석尹炳奭이 이를 영인본으로 출판한 책(이하 윤병석본)이 있다. 그리고 2016년에 서울시에서 지원하고 안중근평화연구원이 기획한 책(이하 안평연본)이 있다. 이것들을 모아서 대조해본 결과는 다음과 같다. 안타깝지만, 「동양평화론」 원문에 대한 연구는 전무했다. 일단 오탈자가 너무 많이 발견되었다. 내용상 중요한 문구에 대해 어떠한 학술적인 근거도 제시되지 않았다. 특히 서울시에서 후원한 '안평연본'은 즉시 폐기되어야 한다(이에 대해서는 일러두기와 비판장치에 상세하게 소개해놓았다). 둘째, 「동양평화론」에 대한 현대 한국어 번역의 사정은 다음과 같다. 여러 번역이 다양한 출판사에서 출판되었다. 대개 1979년에 문화공보부 문화재 관리국 전문위원이었던 최순희의 번역을 이리저리 말만 쉽게 바꾼 것들이었다.[1] 1979년 9월 19~24일에 걸쳐서 『동아일보』에 게재된 최근덕崔根德의 번역도 이번 연구 과정에서 참고하였다. 여러 번역 가운데 최근덕의 번역이 가장 신뢰할 만하였다. 윤병석

---

[1] 최순희, 「동양평화론」, 『나라사랑』(34), 1979. 12, pp. 132~140,

의 번역은 최근덕의 번역을 바탕으로 이리저리 말만 바꾼 것임을 확인하였다. 하지만 이 번역본들은 신뢰할 만한 문헌적 근거를 제공하는 비판정본을 바탕으로 제시하지 않았다. 사정이 이러하다 보니, 결정적으로 안중근의 생각을 오역한 경우가 많았다. 이런 번역들도 사실 모두 폐기해야 한다. 셋째, 「동양평화론」을 연구한 단행본들과 소논문들에 대해서 말하겠다. 이는 안중근의 숭고한 용기와 정신을 찬양하는 연구들이 주종을 이룬다. 학술적으로 이목을 끄는 글들도 있지만 대부분 행사용으로 발표된 것들이다. 결정적으로 인용된 문장과 표현들이 안중근이 직접 쓴 말인지를 확인하고 저술한 글들은 거의 없었다. 만약 「동양평화론」의 비판정본이 종이책이든 디지털 책이든 출판된다면, 이 가운데 상당수의 논문들은, 조금 심하게 말하면, 게재가 취소되어야 할 것들도 있었다. 「동양평화론」의 비판정본을 만들 수밖에 없었던 이유들이 바로 여기에 있다.

이번의 『동양평화론』은 디지털 비판정본이다. 이는 한국 최초의 디지털 비판정본이자 독도디지털도서관의 첫 번째 책이다. 보충하면, 독도디지털도서관은 미국 의회가 후원하고 터프츠Tufts 대학이 만들고 있는 'Perseus 디지털도서관'에 버금가는 한국어 누림터의 구축을 목표로 한다. 이번에 제작한 독도디지털 비판정본은 이른바 'Digitalized Document' 또는 'Scanned Photo'가 아니라 명실상부한 'Digital Text'이다. 앞에서 언급한 비판정본 작업을 바탕으로 우리도 이제야 비로소 믿고 신뢰할 만한 디지털 정본을 가지게 되었음을 널리 알린다. 독도디지털도서관은 현재 시험 버전으로 운영하고 있다. 가능한 한 빠른 시기에 독도디지털도서관을 공개하여 많은 사람의 누림터가 될 수 있도록 노력하겠다.

독도디지털도서관 예시.

2. 「동양평화론」에 채워졌을 말들

「동양평화론東洋平和論」은 안중근安重根, 1879. 9. 2~1910. 3. 26 의사가 경술년 2월(1910년 3월)까지 쓰다가 완성하지 못한 채 남긴 글이다. 원래 아래와 같이 다섯 부분으로 구성될 예정이었다.

동양평화론서東洋平和論序
전감 1 前鑑 一
현상 2 現狀 二
복선 3 伏線 三
문답 4 問答 四

다행히도 '동양평화론서'와 '전감'은 남아 있어 동양평화에 대한 안중근의 담대한 생각을 살필 수 있다. 하지만 안타깝게도 현상·복선·문답은 집필되지 못했다. 만약 안중근에게 전체를 완성할 시간이 주어졌다면, 예컨대 '현상'의 내용은 구체적으로 무엇이었을까? '복선'은 어떤 내용으로 구성되었을까? '문답'에는 어떤 메시지를 담았을까?

2.1 '현상'을 채웠을 말들은 무엇이었을까?

'동양평화론서'는 일반적으로 서구 열강의 제국주의를 동양평화를 위협하는 근본적이고 핵심적인 원인으로 제시하고, 대한독립도 동양평화의 맥락에서 해결될 수 있다고 주장한다. 한국의 독립을 세계사적인 맥락에서 접근하고 있다는 점이 중요하다. '전감'은 구체적으로 러일전쟁의 전개 과정과 그 이후 강화조약을 분석한다. '전감'에서는 동양평화를 위협하는 러시아의 동진 정책과, 러시아를 비롯한 서구 제국을 동북아 지역으로 불러들여서 동양평화와 더 나아가 동양과 서양을 대립 구조로 몰아서 세계평화를 위협하는 일본을 독부獨夫: 하늘도 버리고 백성도 버려서 외롭게 된 은나라의 마지막 왕으로 폭군이었던 주紂로 꾸짖는다. 이와 같은 '동양평화론서'와 '전감'의 내용으로 미루어 보건대, '현상'은 아마도 세부적으로 이등박문이 기획하고 추진했던 '극동평화론'의 실상을 폭로하고 이를 비판하는 내용으로 구성되었을 것이다. 다음은 '극동평화론'과 관련해서 이등박문이 1909년 8월 19일에 야마가타山形 시에서 외쳤던 주장이다.

본관은 최근 수년간 한국에 머무르고 있었기에 일본의 정치·경제와 각 지역의 상황에 대해 멀어져 있었다. 그래서 여러분에게 도움이 될 만한 말을 해주기 위한 자료를 가지고 있지 않다. 따라서 여러분이 바라는 바를 충족하기에는 부족하다. 그렇기는 하지만 내가 보고 들은 바에 따라 극동평화가 필요한 이유에 대해 한마디 하고자 한다. 누구나 평화를 희망한다는 말은 늘 앞장서서 주장해왔으나, 과연 희망하는 이유가 있느냐 없느냐이다. 본래 치治란 난亂을 잊지 않고, 평상시에 국가에 군사력軍備을 완전하게 갖추어 놓는 것이 평화를 유지하는 기초가 된다는 점은 세계인이 한결같이 주장하는 바이다. 우리 일본국은 한시도 이를 잊어서는 안 된다고 어리석게 다시 말할 필요는 없을 것이다. 여러분도 잘 아는 사실이다. 평화는 무엇 때문에 필요한가? 오로지 국가 발전을 위해서 국력 증진을 하고자 할 때, 평화 없이는 이루지 못할 것이다. (…) 극동의 평화라고 하지만, 오늘날 극동이란 어디를 가리키는가? 여러분이 잘 알고 있듯이, 지나支那를 가장 중요한 지역으로 놓지만, 지나·조선·일본을 가리킨다. 안남安南의 통킹東京 일부를 더할 수 있을 것이다. 이 극동의 평화를 어지럽게 흔들어놓을 자는 과연 누구일까? 일본국은 결코 이를 바라지 않는다. 왜냐하면 극동평화가 교란되면 일본국이 불이익을 보기 때문이다. 그렇다면 조선은 어떠한가? 조선은 오늘날 전적으로 일본과 가까워져서 한 가족과 같다. 조선의 국력이 극동의 평화를 교란하기에 충분하지 않다는 점은 굳이 말할 필요가 없을 것이다. 일본과 친하기 때문에 두려워할 만한 칼자루의 나라는 아니다. 그렇다면 동양평화를 뒤흔들어놓으리라는 걱정을 들게 만드는 것은 오로지 지나이다. 모든 나라가 똑같이 인정하고 있기에 누구나 걱정하고 있다. 그렇다면 '지나는 평화를 바라지 않는가'라고 묻는다면, 지나가 결코 평화를 원하지 않을 이유가 없다. 설사 평화를 바란다 할지라도, 문제는 지나가 평화의 열매를 거둘 수 있을지 의문이다. 지나에서 개혁론, 입헌정체론, 이권회복론이 논의 중이다. 하지만 국토가 넓고 인구가 많은 지나에서, 서로 갈라져 싸우는 내란이 벌어진다면 이는 세계사의 중대사가 될 것이다. 이 자리에서도 분명하게 밝히는 바이지만, 일본은 정성을 다해 극동의 평화를 유지하기 위해서 전력을 다하고 있다. 그 까닭은, 만약 극동의 평화가 깨진다면 가장 크게 손해를 보는 것은 우리 일본 제국이기 때문이다. 강 건너의 불구경하듯이 방관할 수 있다. 성급한 계산으로 어느 쪽에 치우치지 않고 적당한 거리를 둔다면, 일본은 공명심에 들떠서 모든 나라의 유익함을 무시한다는 의혹을 받을 것이다. 그래서 우리 일본이 이런 의혹을 사지 않게 되도록 노력할 것을 분명히 밝혀둔다. 오늘 본관이 이런 상황을 공식으로 언급하는 것을 꺼리지 않는 것은 극동의 평화에 대한 걱정이 마음을 무겁게 짓누르고 있기 때문이다. 여러분도 신문을 보고서 지나의 사정에 대해서 잘 알고 있다는 점은 믿어 의심치 않는다. 나도 지나의 사정을 연구하고 지나의 개혁 상황에 대해서는 다소 의심하고 있기에 이런 우려를 하고 있는 것이다. 물론 이 자리에서 행한 이 연설을 통해서 동양에 전운이 감돈다는 것을 말하려는 것은 아니다. 이 점은 여러분도 충분히 잘 알고 있기를 바란다. 오늘날 우리 일본 제국의 가장 중요한 문제는 무엇인가? 첫째는 재정경제 문제이다. 둘째는 외교 문제이다. 군비는 경제·외교와 나눌 수 없는 사안이다.[2]

---

2 小松綠 編輯, 1929, 「極東平和の必要」 『伊藤公全集 第2卷』, 株式會社昭和出版社, pp. 523~525(1909년 8월 19일 야마가타[山形]시의 환영회에서 연설).

중국의 불안한 정국 형세가 극동평화를 위협하는 가장 큰 원인이라는 것이 이등박문의 주장이다. 그의 연설을 조금 자세히 들여다볼 필요가 있다. 그 연설은, 한마디로, 평화의 이름으로 한반도와 만주 일대에 일본 제국의 군대를 주둔시켜려는 평계에 불과하다. 그렇다면 여기에 대해 안중근은 어떻게 반박했을까? 1910년 2월 17일 안중근이 관동도독부 고등법원 서기 다케우치 시즈에竹內精衛에게 제출한 「청취서」에서 가져온 말이다.

세상 사람은 이등박문을 20세기 영웅 또는 위대한 인물로 칭찬하지만 , 나는 그가 지극히 작은 자이며 간악무도한 놈이라고 본다. 청·일 , 러·일 , 한·일 모든 관계에서 이등박문의 정책은 합당치 않아 탄환이 날아들지 않는 날이 하루도 없었다. '하늘을 따르는 자는 흥하고 하늘을 거역하는 자는 망한다'는 속담이 있다.[3]

안중근은 주장한다. 동양을 온통 전쟁터로 몰아넣어 총성이 하루도 그칠 날이 없게 만든 것이 이등박문이 추진한 극동평화 정책이라고. 아마도 이것이 이등박문의 '극동평화론'을 반박하는 말이었으리라. 다시 안중근의 말이다.

이등박문의 정책을 두고, 국제 정세에 어두운 한국인은 물론, 러

---

3 이영옥 편역, 2018, 『안중근의 동양평화론』, 서울셀렉션(주), p. 47.

시아, 청, 미국 각 나라도 일본을 응징할 기회가 올 때만을 기다리고 있다. 오늘 그것을 바꾸지 않으면 일본은 머지않아 큰 화를 입게 될 것이고, 각 나라에 동양평화를 교란한 책임을 지지 않으면 안 될 것이다. 일본은 동양평화에 대해서는 어쨌든 책임을 면할 수 없다.[4]

만약 19세기 말부터 20세기 중반까지 일본으로 말미암아 동양에서 벌어진 전쟁에 대해서 이등박문이 살펴본다면, 그는 안중근의 말에 동의하지 않을 수 없을 것이다. 1894년 청일전쟁, 1904~05년에 일어난 러일전쟁, 1927~31년의 만주사변, 1937~45년의 중일전쟁, 1941~45년의 태평양전쟁을 본다면, 이등박문 자신의 주장과 정책이 얼마나 허황하고 위험한 것이었는지를 인정하지 않을 수 없으리라. 그리고 1950~53년의 한국전쟁도 일본의 침략정책과 전혀 무관하지 않다. 따라서 "일본은 동양평화를 교란한 책임을 지지 않으면 안 될 것"이라는 안중근의 경고가 옳았음은 역사가 이미 실증해주고 있다. 특히 한국의 독립과 관련해서도 이등박문은 "조선은 오늘날 전적으로 일본과 가까워져서 한 가족과 같다"고 말하는데, 참으로 오만하기 짝이 없는 언사이다. 이에 대한 안중근의 일갈이다.

---

4 이영옥 편역, 2018, 앞의 책, p. 48.

여러 번 주장했지만, 러일전쟁 개전 당시 일본 황제는 선전 조서에 한국의 독립을 강고하게 한다고 적었으며, 또한 한일협약에도 같은 내용이 쓰여 있다. 그런데도 이등박문은 한국 군부를 폐지하는 동시에 일본이 사법권을 이어받게 하더니 행정권까지도 탈취하려고 한다. 이는 '한국 독립' 운운한 것과는 상반되며, 한국 황실의 존엄을 유지한다는 것도 말만 그렇지 속은 그렇지 않다. 러시아와 일본 전역에서 일본 청년 수만 명이 목숨을 잃었고, 한일협약이 성립될 때도 수많은 인명을 잃었다. 이는 모두 이등박문의 정책이 좋지 않았기 때문에 생긴 것이다.[5]

이에 이등박문은 무슨 답을 할 수 있었을까? 기껏해야 "조선의 국력이 극동의 평화를 교란하기에 충분치 않다는 점은 군이 말할 필요가 없을 것이다. 일본과 친하기 때문에 두려워할 만한 칼자루의 나라는 아니다" 정도의 말이었으리라. 말인즉 한국은 국력이 작은 나라이기에 군사적으로 위협적이지 않고 군사력으로 얼마든지 제어할 수 있다는 생각을 기저에 깔고 있는 것이다. 이에 대한 안중근의 말이다.

내가 생각하는 정책을 말해도 지장이 없다면 말해보겠다. 내 의견이 어리석다며 웃음을 살지도 모르겠지만, 어제오늘 생각한 것

<hr>

5 이영옥 편역, 2018, 앞의 책, p. 46.

이 아니고 몇 년 전부터 생각해온 것이다. 내가 지금 말하는 정책을 실행한다면 일본은 태산같이 평안하고 태평하여, 여러 나라로부터 대단한 명예를 얻게 될 것이다. 패권을 장악하려면 비상수단을 취해야 한다. 일본이 벌여온 정책은 20세기에는 심히 만족스럽지 못했다. 즉 이전에 여러 나라에서 사용한 방법을 흉내 내었는데, 바로 약소국을 쓰러뜨리고 그 나라를 병탄하려는 방법이었다. 이러한 방법으로는 결코 패권을 장악할 수 없다. 지금까지 세계열강이 하지 않았던 일을 해야 한다. 이제 일본은 일등 국가로서 세계열강들과 어깨를 나란히 하여 나아가고 있지만, 급한 성질은 일본의 결점이며 일본을 위한다면 삼가야 할 점이다.[6]

한마디로, 일본의 정책과 이등박문의 술책은 '도덕지심'을 망실한 서구 열강의 제국주의 연장에 불과하다는 것이다. 이에 안중근은 일본과 이등박문이 진정한 패권을 모른다고 꾸짖는다. 중요한 점은, 바로 이 대목에서 안중근이 「동양평화론」을 지으려 했던 의도가 명확히 드러난다. 다름이 아니라 "지금까지 세계열강이 하지 않았던 일을 해야 한다"는 것이었다. 도대체 그것은 무엇일까? 안중근은 이를 하루 이틀 생각한 것이 아니라 오랫동안 숙고한 문제라고 밝히는데, 도대체 무엇일까? 이것이 복선의 내용일 것이다.

6 이영옥 편역, 2018, 앞의 책, pp. 48~49.

2.2 '복선'의 내용은 무엇이었을까?

복선은 아마도 이런 내용으로 구성되었을 것이다. 그러니까 일본이 흉내 내고 있는 서양의 패권 제국들이 하지 않았던 일, 즉 인류가 가보지 않은 새로운 길을 제안했을 것이다. 안중근의 제안이다.

내 생각에는 쉬운 일이다. 전쟁도 그 어떤 것도 필요하지 않다. 단 하나, 마음을 고쳐먹어야 한다. 일을 시작하는 방법의 하나는 이등박문의 정책을 바꾸는 것이다. 이등박문의 정책은 전 세계의 신용을 잃게 하며 한일협약 같은 정책은 상대방이 기꺼이 받아들이기는커녕 도리어 반항심을 부추기며 상대를 도발하는 것에 지나지 않는다. 얻는 것이 전혀 없다. 일본·한국·청은 형제 국가이므로 서로 지극히 친밀하게 지내야 한다. 오늘날 상황은 형제 사이가 나빠 싸우는데, 한 사람이 남에게 도움을 바라는 모습 같다고 할 수 있다. 그것은 세계 곳곳에 형제간 불화를 드러내 알리는 것과 같다. 일본이 지금까지 해온 정책을 바꾸겠다고 세계에 발표하는 일은 매우 치욕스러울 수 있겠지만, 그것 또한 감수하고 가야 할 일이다. 이를 위한 새로운 정책으로 여순을 개방하여 일본·청·한국의 군항으로 두고 이 세 나라의 능력 있는 자들을 그 땅에 모아 평화회平和會 같은 모임을 조직하여 세계에 공표하는 것이다. 이는 일본이 야심이 없음을 보여주는 것이다. 여순을 일단 청에 돌려주고 평화의 근거지로 삼는 것이 가장 합당한 책략이라고 믿는다. 패권을 장악하려 한다면 비상수단이 필요한데 , 바로 이 점이다. 여순의 상처가 일본에는 고통이 되겠지만 결과적으로는 오히려 이익을 안겨다 줄 것이다. 세계 각 나라는 이 슬기로운 결정에 감탄하여 일본을 칭찬하고 신뢰할 것이다. 일본·청·한국은 평화와 행복을 영구히 얻을 것이다. 또 재정 정리를 위해 여순에 동양평화회를 조직해 회원을 모집하고 각 회원에게서 1엔을 회비로 정수하는 것이다. 일본·청·한국 국민 수억이 이에 가입하리라는 것은 의심의 여지가 없다. 은행을 설립해 각 나라가 공유하는 화폐를 발행하면 반드시 신용을 얻게 된다. 금융은 자연스럽게 돌아갈 것이다. 중요한 지역마다 평화지회를 마련하는 동시에 은행 지점을 두기로 한다. 이렇게 하면 일본의 금융은 비로소 원만해지고 재정도 완전해질 것이다. 여순을 경비하기 위해 일본 군함 5~6척을 여순항에 계류해둔다. 이상과 같이 하면 여순을 돌려주어도 일본이 영유한 것과 조금도 다르지 않을 것이다. 이상의 방법으로 동양평화는 완전해지지만, 세계열강에 대비하려면 무장을 해야 한다. 일본·청·한국 세 나라로부터 각 대표를 파견해 이를 담당하게 하고, 세 나라의 강건한 청년을 모아서 군단을 편성한다. 청년들에게 각각 두 나라 언어를 배우게 하면 어학의 진보에 따라 형제 나라라는 관념이 강고해질 것이다. 이렇게 일본이 위대한 태도를 세계에 보여준다면 세계는 탄복하며 일본을 숭배하고 경의를 표하게 될 것이다. 가령 일본에 대해 야심을 가진 나라가 있다고 한들 기회를 얻기가 어려워질 것이다.[7]

정리하면, 한·중·일 3국이 서로를 대등한 국가로 인정하고, 이 웃 국가에 대한 침략과 영토 확장을 시도하지 않으며, 서로 평화 적으로 공존하며 공영을 위해서 노력하자고 한다. 여순을 중심으로 '평화회'를 조직하고, 3국 공동의 은행을 설립하고, 공용화폐를 발행하며, 3국 공동의 군대를 창설하며 각기 이웃 나라의 말을 교육하고, 조선과 청(국)은 일본의 지도를 받아서 상공업의 발전을 도모하며, 로마에 있는 교황을 방문해 서로 협력을 맹세하고 세계 인의 신용을 얻자는 것이다. 3국의 정치 공동체와 경제공동체를 건설하고, 3국이 공동으로 평화유지군을 창설하여 동양평화를 구축하자는 것이다. 110년이 지난 지금의 눈으로 볼 때, 이등박문과 안중근 가운데 진정으로 승리자는 누구이겠는가? 안중근이다. 아마 누구도 이등박문의 주장에 동의하는 사람은 없을 것이다. 이미 그의 주장은 보편적인 설득력을 잃어버렸다. 일본에 남아 있는 패권주의자들 정도만 그를 지지할 것이다. 단적으로 안중근의 「동양평화론」이 이등박문의 '극동평화론'에 승리했음을 보여주는 증거는 바로 역사 자체이다. 오늘날 유럽 연합^{EU}의 기반을 마련한 프랑스 외무장관 로베르 슈망$^{Robert\ Schuman}$이 이를 증언하고 있다. 그의 선언이다.

세계를 위협하는 위험들에 맞서는 창조적인 노력 없이 세계평화

7 이영욱 편역, 2018, 앞의 책, pp. 49~52.

는 결코 지켜질 수 없다. 하나로 조직되어 생동하는 유럽이 문명세계에 기여할 수 있는 것은 평화로운 관계의 유지와 직결되어 있다. 하나의 연합으로 묶인 유럽의 지도자 역할을 20여 년 넘게 수행해 온 프랑스는 언제나 평화의 수호를 자신의 근본적인 목표로 삼았다. 하나된 유럽은 성취되지 않았다. 우리는 전쟁을 치렀다. 유럽은 한순간에 만들어지지 않을 것이다. 하나의 계획에 의해서 성취되지도 않을 것이다. 이것은 구체적인 성취들을 통해서 건설될 것이다. 다른 무엇보다도 사실적으로 연대를 창조하는 그런 성취들을 통해서 말이다. 유럽의 나라들을 한자리로 모으기 위해서는 프랑스와 독일 사이에 있는 아주 오래된 적대 관계의 최소화를 전제로 한다. (…) 석탄과 철강 산업의 공동 출자는 (…) 전쟁의 군수 산업에 오랫동안 동원되었던, 그런데 그 지역 자체들이 실은 언제나 이 산업의 희생물이었던 이 지역들의 운명을 바꿔놓을 것이다.[8]

이것은 1950년 5월 9일에 로베르 슈망이 발표한, 프랑스·서독·이탈리아·네덜란드·벨기에·룩셈부르크 삼국이 석탄 산업과 철강 사업에 공동 출자하여 함께 관리하는 ECSCEuropean Coal and Steel Community라는 기구를 창설하자는 선언의 일부이다. 슈망의 선언에서 눈여겨봐야 할 점은 크게 세 가지이다. 먼저, 과거가 아닌 미래

---

[8] 슈망 선언(Schuman Declaration). https://europa.eu/european-union/about-eu/symbols/europe-day/schuman-declaration_en

를 보았다는 점이다. 프랑스와 독일은 오랜 적대 국가였다. 특히 프랑스는 독일의 침략을 받은 나라이다. 그러나 미래의 공동 번영을 위해서 프랑스는 독일과 경제적으로 협력해야 한다는 것이다. 다음으로, 유럽 통합의 문제를 처음부터 긴 호흡으로 접근하고 있다는 점이다. 이 선언이 나온 지 어언 70여 년이 지난 오늘의 유럽을 보라. 어찌 보면, 결코 실현되지 않을 것 같은 일이 실현되고 있다. 유로화라는 공동 화폐를 사용하고 있다. 공동으로 의회를 운영하면서 각국의 이해관계를 조율하고 있다. 중요한 점은 유럽 연합이 어느 한순간에 이루어지지 않으리라는 점을 처음부터 잘 알고 있었다는 것이다. 제2차 세계대전이 끝난 지 5년도 채 지나지 않은 시기에 이런 선언이 나왔다는 점도 눈여겨볼 일이지만, 더욱 중요한 것은 멈추지 않고 천천히 유럽 통합을 향해 걸어갔다는 사실이다. 마지막으로, 통합과 평화는 아주 구체적일 때 가능하다는 것이다. 그러니까 서로의 이익이 걸려 있을 때, 다시 말해서 공영이 가능할 때 통합과 평화를 구축할 수 있다. 철강 산업을 공동으로 출자하여 관리하자는 슈망 장관의 제안이 오늘날의 유럽 연합으로 이어지게 된 것도 실은 그 시작이 구체적이었고 실질적이었기 때문이다. 이를 비추어 놓고 볼 때, 안중근의 「동양평화론」은 매우 구체적이고 실질적이며, 따라서 지금도 실천 가능한 것이다. 유럽 연합에 준하는 동양의 정치·경제·문화 공동체를 그것도 아주 구체적인 실천에서 시작하자고 제안하고 있기 때문이다. 공용 화폐를 만들어서 사용하자는 제안은 지금이야 너무도 당연한 말같지만 당시로서는 그야말로 창조적인 제안이 아닐 수 없다. 안중근이 말한 "세계 열강이 하지 않은 일"의 실체가 바로 이것이다. 당장 유럽연합 정도는 아니겠지만 경제와 문화 차원에서는 적어도 동북아 협력체는 당장 가능하리라.

2.3 '문답'은 어떤 물음과 답변으로 이루어졌을까?

질문과 답변이므로, 상식적으로 생각해보건대 그리고 안중근이 했던 말로 추정해보건대, 이런 물음들이 제기되었을 것이다. 평화는 도대체 무엇을 뜻하는가? 동양이란 어디를 가리키는 말인가? 서양의 제국주의에 맞서는 동양평화의 정신의 핵심은 도대체 무엇인가? 이 물음을 순서대로 답하자면 아마도 이렇게 될 것이다.

평화란 무엇인가? "전쟁도 그 어떤 것도 필요하지 않다"는 것이 안중근의 답이다. 국가 간에 타국을 인정하는 공존과 상호 번영하는 공영을 누리자는 것이 안중근의 답이었을 것이다. 이와 관련해서, '평화'에 대해 이등박문은 이렇게 말했다. "본래 치治란 난亂을 잊지 않고, 평상시에 국가에 군사력軍備을 완전하게 갖추어 놓는 것이 평화를 유지하는 기초가 된다는 점은 세계 사람이 한결같이 주장하는 바이다." 평화는 반란과 내란을 막는 것이고, 이를 위해서는 군사력이 핵심이라는 것이 이등박문의 생각이다. 사실, 이런 생각도 틀린 것은 아니다. 원래 서양의 평화를 뜻하는 영어 peace의 어원에 해당하는 라틴어 pax는 공존과 공영을 관계 맺는다는 뜻이 아니다. 오히려 강자가 약자를 제압해서 지배하는 뜻의 패권覇權을 가리킨다. 베르길리우스는 로마의 패권적 제국주의를 정당화하는 서사시에서 이렇게 말했다.

기억하라! 로마인이여, 〔군건한 기강紀綱 위에 세워진〕 통치를 통해서 인민들을 다스리는 것, (이것은 너희만의 기술일진저!), 평화의 법도를 수립하는 것, 순종하는 자에게는 관용을, 오만한 자들에게는 징벌을 내리는 것을!

tu regere imperio populos, Romane, memento / (hae tibi erunt artes), pacique imponere morem, / parcere subiectis et debellare superbos.[9]

순종하는 자에게 관용을, 오만한 자에게 징벌을 내리는 것이 로마의 패권적 제국주의 본질이다. 여기에는 자기들 이외에 다른 나라는 없다. 다른 나라는 모두 야만이고 복속시켜야 할 대상일 뿐이다. 이등박문의 말도 잘 들여다보면, 이 생각에서 한 치도 벗어나 있지 않다. 그의 생각에 다른 나라는 없다. 요컨대 "치治란 난亂을 잊지 않는" 것이라는 생각은 강자가 약자를 짓누르고 억누르는 것과 다르지 않다. 이는 패권에 불과하다. 다른 나라, 다른 민족, 곧 일반화하면 타자의 절멸에서 성립하는 것이기 때문이다. 이에

---

[9] 베르길리우스, 『아이네이스』 제6권, 851~53.

대한 증인으로 타키투스를 초청하겠다.

사막으로 만들고 나서 그곳을 제국이라고 부른다.
Ubi solitudinem faciunt, imperium appellant.[10]

진정한 평화는 공존에서 성립하는 것이다. 공존은 타자를 인정하고 존중하는 것이다. 국가 차원에서 타자를 인정하자는 것이 '만국공법'의 기본 이념이다. 안중근이 재판 과정에서 '만국공법'을 들어서 자신의 의거를 정당화한 것도 '만국공법'이 국가 간의 공존이라는 정신을 강조하기 때문이다. 이등박문의 평화론에는 이런 공존의 이념이 없다. 국가 간의 공존 문제를 말로 다투고 다루는 것이 실은 외교이다. 이 점에서 볼 때 이등박문은 외교의 진정한 의미를 모르는 제국의 패권주의에 봉사하는 군국주의자에 불과하다. 이에 반해서 안중근의 평화는 구체적인 실체가 있는 생각이었다. 안중근의 주장은 선언에 그치지 않고 구체적인 실천 방안까지 제시하고 있다. 이를테면 국가와 국가가 서로 공영할 수 있는 체제를 위한 '평화회'를 조직하자고 주장했기 때문이다. 안중근의 동양평화론은 프랑스의 슈망이 제안한 유럽 통합보다 40년이 앞선 주장이다. 슈망의 제안이 성공할 수 있었던 데에는 방법론적으로 주목해야 할 특징이 하나 있는데, 다름 아닌 정경분리

---

[10] 타키투스, 『아그리콜라De Vita et Moribus Iulli Agricolae』, 31.

政經分離의 원칙이었다. 흥미로운 점은, 안중근이 정경분리의 원칙에 입각해서 동양평화의 방안을 제시했다는 사실이다. 이와 관련해서, 이등박문의 말을 다시 들여다볼 필요가 있다.

> 오늘날 우리 일본 제국의 가장 중요한 문제는 무엇인가? 첫째는 재정경제 문제이다. 둘째는 외교 문제이다. 군비는 경제·외교와 나눌 수 없는 사안이다.[11]

주목해야 할 점은 이등박문이 정경분리를 모르거나 정치와 경제를 나눌 생각이 전혀 없다는 것이다. 군사력과 경제·외교를 분리해서는 안 된다고 주장하고 있기 때문이다. 19세기 말, 20세기 전반부를 지배했던 패권주의와 제국주의의 횡행을 염두해본다면, 이등박문의 생각도 그리 어설픈 것은 아니었다. 하지만, 제1·2차 세계대전이 정경분리를 하지 않은 데에서 일어난 인류의 일대 참화이자 재앙이라는 점을 고려한다면, 이등박문의 생각은 그야말로 짧은 욕심에 불과한 것이었다. 이 짧은 욕심을 안중근은 일본인의 "급한 성질"에서 기인한 것이라고 질타한다. 이에 반해 동양평화의 문제를 정경분리 원칙과 재정의 관점에서 접근하면서 이에 대한 구체적인 대안으로 '평화회'를 제안하고 있다는 점에서 안중근의 생각은 담대하고 원대했다. 결론적으로 안중근이 내세

---

11 小松綠 編輯, 1929, 앞의 책, p. 525.

운 '평화' 개념은 적어도 조선 한문에서는 포착되지 않은 개념이다. 또한 이념적으로도 제국주의자들이 표방한 pax나 peace와는 결이 다른 생각이었다. 그야말로 패권과 지배의 관점이 아닌 존중과 공영의 관점에서 제안된 새로운 생각이었던 것이다.

동양이란 어디를 가리키는 말인가? 동양이라는 어휘가 지금은 일상적이지만, 19세기 말, 20세기 초반에는 낯선 명칭이었다. 중화를 세계의 중심으로 놓고 보던 세계관이 지배하던 시대에 동양이라는 말은 어쩌면 금기어였을 수도 있다. 이와 관련된 안중근의 말이다.

청국은 물산의 풍부함과 땅의 크기가 일본에 비해 수십 배라고 할 수 있는데, 무슨 까닭으로 이처럼 패배를 당했는가? 옛날부터 청국 사람들은 스스로 '중화대국'이라고 일컫고 다른 나라를 오랑캐라고 불러 교만함과 오만함이 매우 심하였다. 게다가 권신과 외척이 나라의 권력을 멋대로 휘둘러 관원과 인민이 원수를 맺고 위아래가 화목하지 않았다. 그러므로 이와 같이 치욕을 당한 것이다.[12]

주목해야 할 점은 중국을 하나의 나라로 보고 있고, 중화주의의 시효가 끝났음을 선언한다는 것이다. 외교의 관점에서 중국·일

---

[12] 안중근, 2019, 『비판정본 동양평화론』, 독도도서관친구들, pp. 98~99.

본·한국을 동등하고 평등한 관계로 보고 있다. 또한 조선을 중국의 변방으로 보았던 관점에서, 서양에 대비되는 관점에서 동양의 중심점으로 놓았다는 사실도 중요하다. 중국인들은 지금도 '동양'이라는 말을 즐겨 사용하지 않는다. 이른바 중국중심주의Sinocentrism를 버리지 못하고 있다. 이런 점에서 안중근의 동양관은 중화에서 동양으로 인식이 전환 되었음을 분명하게 보여준다. 이는 이등박문과도 명백하게 대비된다. 다음은 이등박문이 한 말이다.

　　오늘날 극동이란 어디를 가리키는가? 여러분이 잘 알고 있듯이, 지나를 가장 중요한 지역으로 놓지만, 지나·조선·일본을 가리킨다. 안남의 통킹 일부를 더할 수 있을 것이다.[13]

이등박문은 중국을 지나로 부르는데, 중국을 하나의 국가로 존중하는 것은 아니다. 지나는 중국을 낮춰 부르는 이름이기 때문이다. 이런 호칭은 다른 나라를 공존과 공영의 대상으로 보는 것이 아니라 착취와 지배의 대상으로 삼으려는 야욕을 분명하게 보여준다. 이와 관련된 안중근의 말이다.

　　이렇게 하여 일본은 수출이 점점 많아지고 재정도 풍부해져 태산 같은 안정을 얻게 될 것이다. 청·한국 두 나라 모두 그 행복을 누리

---

13 小松綠 編輯, 1929, 앞의 책, p. 524.

고 , 또 여러 나라에 모범을 보일 것이다. 물론 청·한국 두 나라는 일본을 주인으로 우러러볼 것이므로 경쟁하지 않더라도 상공업 패권이 일본에 돌아오게 된다. 만주 철도 문제에서 파생한 분쟁 같은 것은 꿈에서마저 볼 수 없게 된다. 이렇게 되면 인도·태국·베트남 등 아시아 여러 나라는 자처해서 '평화회'에 가맹을 신청할 것이고, 일본은 앉은 채 동양을 손아귀에 넣게 된다.[14]

안중근은 동양을 한국·중국·일본·인도·태국·베트남으로 확장해서 규정한다. 이 나라들이 모두 공존하고 공영할 수 있는 방안으로 수출과 상공업을 제시한다. 심지어 일본을 주인으로 치켜세우기까지 한다. 일본인 간수가 존경하지 않으려야 않을 수가 없었을 것이다. 110년이 지난 오늘날의 시각으로 볼 때, 안중근이 강조한 '수출'과 '상공업'은 일본이 번영을 누리고 있는 핵심 기반이기 때문이다. 안중근은 심지어 이것이 진정한 패권을 누리는 방법이라고 설파한다. 이 대목에서, 한국은 어떤 상황인지를 묻지 않을 수가 없다. 한국도 안중근이 설파한 그 길을 잘 가고 있다. 더 잘 가기 위해서는 안중근의 한·중·일 3국이 서로를 대등한 국가로 인정하고, 이웃 국가에 대한 침략과 영토 확장을 시도하지 않으며, 서로 평화적으로 공존하며 공영을 위해 노력하자는" 전략을 이제는 구체적인 실천으로 옮겨야 할 때이다. 잠시 눈을 돌려 유럽의

[14] 이영옥 편역, 2018, 앞의 책, p. 52.

알프스산을 떠올려보자. 서쪽으로는 라인강이 동쪽으로는 다뉴브강이 흐른다. 유럽의 번영과 평화를 키운 것이 이 두 강이다. 백두산을 중심으로 서쪽으로는 압록강이 동쪽으로는 두만강이 흐른다. 백두산과 압록강과 두만강에 유럽의 알프스산과 라인강과 다뉴브강처럼 번영과 평화가 흘러넘치도록 해야 할 때이다. 여기까지 나가기 위해서는 한반도를 둘러싼 나라들이 서로가 서로를 동등하고 평등하게 인정하고, 공존공영을 위해서 서로가 서로를 필요로 한다는 이해를 필수적으로 공유해야 한다. 이를 위해서는 우선 과거를 묻지 말아야 한다. 그리고 천천히 서둘러야 한다. 아울러, 받는 만큼 돌려주어야 한다. 균형과 중심도 잘 잡아야 한다. 결정적으로 사람을 믿어야 한다. 안중근의 말이다.

무릇 '합하면 성공하고 흩어지면 실패한다'라는 말은 만고불변의 진리이다. 지금 세계는 지역이 동쪽과 서쪽으로 갈라지고 인종도 제각기 달라 서로 경쟁하기를 마치 차 마시고 밥 먹는 것처럼 한다. 농사짓고 장사하는 일보다 예리한 무기를 연구하는 일에 더 열중하여 전기포·비행선·침수정을 새롭게 발명하니, 이것들은 모두 사람을 해치고 사물을 손상시키는 기계이다. 청년을 훈련시켜 전쟁터로 몰아넣어 수많은 귀중한 생령을 희생물처럼 버리니, 핏물이 내를 이루고 살점이 땅을 덮는 일이 하루도 끊이지 않는다. 살기를 좋아하고 죽기를 싫어하는 것은 모든 사람의 보통 마음이거늘, 맑고 깨끗한 세상에 이 무슨 광경이란 말인가? 말과 생각이 여기에 미치자

등골이 오싹하고 마음이 싸늘해진다.[15]

"살기를 좋아하고 죽기를 싫어하는" 마음이 「동양평화론」이 탄생하게 된 근본적인 이유였으리라. 동양평화라는 저 담대한 기획도, 실은 이 작은 마음의 불씨에서 시작되었다.

마지막 물음에 대해서 답해야 할 순서이다. 도대체 서양의 제국주의에 맞서는 동양평화의 정신의 핵심은 무엇인가? 혹자는 안중근의 평화 사상이 칸트의 영구평화론의 영향을 받았다고 주장한다.[16] 그럴 수 있다. 혹자는 안중근의 평화 사상이 천주교의 영향을 받았다고 주장한다.[17] 그럴 수 있다. 안중근의 심중에 천주교가 큰 무게를 차지하고 있었음은 분명하다. 이는 안중근이 자신의 사형 집행을 천주교 축일 다음으로 미루어줄 것을 요청한다는 점에서 확인된다.

또 홍(프랑스인, 홍석구洪錫九) 신부님이 한국에서 나를 만나러 온다고 하니 면회할 기회를 얻고 싶다. 따라서 내 형의 집행은 내가 믿는 가톨릭교에서 기념해야 할 오는 3월 25일까지 유예해주기를 탄원한다.[18]

---

15 안중근, 2019, 앞의 책, pp. 85~86.
16 오영달, 2014, 「안중근 의사의 동양평화론과 칸트의 영구평화론 비교」.
17 황종열, 2012, 「안중근 토마스의 동양평화론과 가톨릭 신앙」.
18 이영옥 편역, 2018, 앞의 책, p. 54.

이를 놓고 볼 때 평화에 대한 안중근의 생각이 천주교의 그것을 받아들였을 가능성이 높다. 천주교의 인사말 중에 "Pax vobiscum (평화가 너희와 함께)!"라는 것이 있다. 이 말에 들어있는 Pax는 로마 제국에서 사용했거나, 서양 제국들이 재활용했던 Pax 개념과는 근본적으로 결이 다르기 때문이다. 천주교의 Pax 개념은 "날마다 무력을 일삼고 다투고 싸우는 마음을 키우는 데에 조금도 거리낌이 없는 것"이 아니라 종교적 평안을 강조하는 것이었기 때문이다. 그런데 안중근의 평화 개념을 포착하는 데 있어서 결코 놓쳐서는 안 되는 것이 있다. 안중근의 말이다.

악행이 가득 차고 죄가 넘쳐나면 하느님과 사람이 함께 분노한다. 그러므로 하늘이 한 번의 기회를 내려주어 동해 가운데의 작은 섬나라인 일본으로 하여금 이런 강대국인 러시아를 만주 대륙에서 한주먹에 거꾸러뜨리게 하였다. 누군들 이를 헤아릴 수 있었겠는가! 이것이 바로 하늘의 뜻을 따르면 땅의 이로움을 얻고 사람의 마음에 호응하는 이치이다.[19]

일본이 러일전쟁에서 승리할 수 있었던 것은 하늘 덕분이라는 것이다. 이에 해당하는 원문은 此順天得志應人之理也이다. 주목해야 할 점은, 이 원문의 출처가 『주역』과 같은 동양 경전이라는 것

[19] 안중근, 2019, 앞의 책, p. 87.

이다. 한 사례만 제시하면 다음과 같다.

천지가 변혁하여 사시四時가 이루어지며 탕왕湯王과 무왕武王이 천명天命을 고쳐 하늘에 순하고 사람들에게 응하였으니, 변혁의 때가 크다.

天地革而四時成 湯武革命 順乎天而應乎人 革之時大矣哉.[20]

인용은 안중근의 평화 개념을 뒷받침해주는 생각이 동양의 '순천응인順天應人' 사상에 뿌리를 두고 있음을 분명하게 보여준다. 이는 안중근이 일본이 하늘의 뜻을 따르지 않고 서양 열강이 자행하고 있는 패권적 제국주의를 행하면 '독부'의 신세를 면치 못하리라 경고한다는 점에서 또한 확증된다. 안중근의 말이다.

안타깝다! 그러므로 자연의 형세를 돌보지 않고 같은 인종과 이웃 나라를 착취하려는 자는 끝내 독부獨夫의 우환을 반드시 면치 못할 것이다.[21]

각설하고, 독부가 누구인가? 바로 하늘도 버리고 백성도 버린 은나라의 마지막 폭군 주紂왕이다. 이와 관련해서 「청취서」에서 이

---

20 『주역전의』(周易傳義) 하 49, 혁괘(革卦) 「단전」(彖傳).
21 안중근, 2019, 앞의 책, p. 118.

런 말을 남긴다.

은殷나라가 망할 즈음 여러 나라는 주周나라 황제를 옹립하여, 드디어 천하의 패권을 잡았다. 이는 오늘날 세계열강이 도저히 해낼 수 없는 것이다. 나폴레옹 시대까지는 가톨릭 교황으로부터 왕관을 받아 왕위에 올랐다. 그러나 나폴레옹이 그 제도를 파괴하여 그 이후 이를 할 수 있는 사람이 없었다. 일본이 이런 식으로 패권을 장악한 후 일본·청·한국의 황제가 로마 가톨릭 교황과 대면하여 맹세하고 왕관을 쓰면 세계는 무척 경탄할 것이다. 현재 가톨릭교는 세계 종교의 3분의 2를 차지하고 있다. 세계 3분의 2에 해당하는 민중에게서 신용을 얻게 되면 그 세력은 어마어마할 것이다. 만약 이들이 반대한다면, 일본이 아무리 강국이어도 어떻게 할 도리가 없다.[22]

안중근은 서양 열강이 행한 제국주의의 길이 아닌 공존과 공영의 길을 걷는다면 일본은 진정한 강국으로 인정받으리라고 훈계한다. 이를 위해서 교황의 인정을 받는 것도 한 방법이라고까지 충고한다. 동양의 관점으로 보든 서양의 관점으로 보든 일본이 천하의 주인으로 행세하려면 하늘의 뜻을 따라야 한다는 경고이다. 이런 경고의 원천은 물론 하늘이다. 주목해서 보아야 할 점은, 이

---

[22] 이영옥 편역, 2018, 앞의 책, pp. 52~53.

경고의 대상에 서양 열강도 당연히 포함된다는 것이다. 그는 러시아가 하늘의 뜻을 어겨서 패전했다고 말한다. 서양 열강에 대한 안중근의 비판이다.

최근 수백 년 이래로 유럽의 여러 나라는 도덕을 생각하는 마음을 까맣게 잊어 날마다 무력을 일삼고 경쟁하는 마음을 키우는 데에 조금도 거리낌이 없었다. 이 중에서도 러시아가 가장 심하였으니, 그들의 포악한 행동과 잔혹한 해악이 서양과 동양에 미치지 않는 곳이 없었다.[23]

인용에서 안중근이 말하는 '도덕지심'은 무엇일까? 바로 순천응인의 정신일 것이다. 중요한 점은 안중근의 동양평화론이 동양에만 국한되지 않는다는 사실이다. 그의 말이다.

하늘이 사람을 내어 세상이 모두 형제가 되었다. 각각 자유를 지켜 삶을 좋아하고 죽음을 싫어하는 것은 누구나 가진 떳떳한 정이다. 오늘날 세상 사람들은 으레 문명한 시대라고 일컫지마는, 나는 홀로 그렇지 않은 것을 탄식한다. 무릇 문명이란 것은 동서양 잘난이 못난이 남녀노소를 물을 것 없이, 각각 천부의 성품을 지키고 도덕을 숭상하며 서로 다투는 마음이 없이 제 땅에서 편안히 생업

---

23 안중근, 2019, 앞의 책, p. 87.

을 즐기면서, 같이 태평을 누리는 그것이다.[24]

더는 동양과 서양의 구별이 없다. 하늘의 관점에서 지역의 구별이 무의미하기 때문이다. 앞에서도 말했듯이 살기를 원하고 죽기를 싫어하는 것은 인간 본연의 마음이고, 누구나 인정할 수밖에 없는 마음이기 때문이다. "제 땅에서 편안히 생업을 즐기면서, 같이 태평을 누리"게 하는 것이 무엇인가? "생업을 즐기게" 하는 것이 정치이고, "태평을 누리게" 하는 것이 평화이기 때문이다. 이와 같은 생각의 힘으로 안중근의 동양평화론은 이제 더는 동양만을 위한 무엇이 아니라 인류와 세계를 위한 무엇으로 상승한다. 보편의 가치를 지닌 힘이다. 비록 안중근이 제목을 '동양평화론'으로 달았지만, 그 목소리에 담긴 메시지는 세계 평화를 향한 것이었다. 어쩌면, "예로부터 동양 민족은 글공부에 힘쓰고 자기 나라를 신중하게 지켰을 뿐"이고, "유럽의 흙 한 줌도 땅 한 자도 침범하여 빼앗은 적이 없었"던 사람들이 살았던 곳이 동양인데, 이런 동양을 지키는 것도 세계 평화를 지키는 중요한 한 방편이었으리라. "이런 사실은 오대주에 사는 사람과 짐승과 풀과 나무도 알고 있다"라고 안중근은 일갈한다.

---

[24] 1909년 11월 5일 오후 2시에 일본 관헌에게 제출한 글.

3. 「동양평화론」의 영향과 그 의의

혹자는 이등박문이 영웅이라고 말한다. 적어도 일본 사람들은 그렇게 말해야 하고, 그것이 틀린 말은 아니다. 아닌 게 아니라, 이등박문이 '메이지 헌법'을 만들었고, 이 헌법에 따라 세워진 의회의 초대 수상이었다는 점에서, 그는 일본 근대의 아버지라고 불릴 만하다. 길게 말할 것 없다. 이등박문이 한국 병탄의 야욕을 숨기면서 내세운 말이다.

오늘날 일본이 한국을 위해서 해주기를 원하는 것은 옛날 방식의 일소이고 철저한 개혁이다. 그것은 한국 사람들로 하여금 교육과 산업의 길로 들어서게 이끌 것이다. 그러면 한국 사람들은 문명의 혜택을 누릴 것이고, 일본은 한국 사람들과 힘을 공유할 것이다.[25]

이와 관련해서 이등박문은 다음과 같은 메모를 남긴다.

- 한국의 팔도로부터 10명의 대표자를 선출하여 하원을 구성한다.
- 양반층과 관료로부터 50명의 대표자를 선출하여 상원을 구성

---

[25] Takii Kazuhiro, 2014, 「Itō Hirobumi – Japan's First Prime Minister and Father of the Meiji Constitution」, p. 201.

한다.

- 한국 정부의 각료는 한국인으로 구성하고 내각을 책임지게 만든다.
- 정부는 총독 아래에 둔다.
- 왜냐하면 일본과 한국의 완전한 합방 협약은 필요치 않기 때문이다. 선언으로도 충분하다.
- 한국 황실의 재정을 어떻게 처리해야 하는가?
- 우리는 다른 나라들을 어떻게 다루어야 할까?[26]

한갓 외국인이 남의 나라 내정을 간섭하는 전형적인 사례이다. 이등박문이 프랑스 대혁명 이래로 건국된 서양 근대 국가들의 헌법 정신과 법률적 기초에 밝은 사람이었다면, 어떻게 감히 저런 말을 할 수 있을지 심히 의심된다. 노회한 술책가에지나지 않는 사람이 바로 이등박문이었다. 러일전쟁 이후 일본이 보인 행태와 이등박문이 행한 술책은 안중근의 표현대로 "용과 호랑이의 위세로 뱀과 고양이의 행동"에 불과했다. '동양평화'와 '한국 독립'은 서세동점의 환난을 이겨낼 수 있을 절호의 기회였기 때문이다. 위에서 읽을 수 있듯이, 이등박문의 속내는 동양평화와 한국 독립이 아니라 한일병탄과 동양 전쟁을 향해 있었기 때문이다. 한일병탄은 협약도 필요 없고, 선언으로 충분하다고 한다. 참으로 망발이지

---

26 Takii Kazuhiro, 2014, 앞의 글, p. 213.

않은가? 이에 대한 안중근의 반격이다.

이등박문은 한국의 위아래 백성 모두가 행복해하며 만족해한다고 세계에 선전하지만, 이는 사실과 다르다. 제대로 볼 줄 아는 사람은 반드시 진실을 헤아릴 것이다. 한 예를 들자면, 한국 고종 황제는 총명하시므로 이등박문이 마음대로 황제를 좌우할 수 없어 입장이 불리해지자 고종 황제를 폐하고 이에 뒤떨어지는 현 황제를 세웠다. 한국인은 개국 이래 다른 나라를 침략하려 한 적이 없다. 즉 무武의 나라가 아니라 문文의 나라이다. 선의의 민족이다. 그런데도 이등박문은 한국을 침략하여 자기 뜻대로 지배하려 했으며 유능한 모든 자를 살해했다. 이런 자를 살려두면 동양평화를 해치게 된다. 그러므로 나는 동양평화를 위해 그를 이 세상에서 제거한 것이다. 개인 자격으로 한 것이 아니다.[27]

다시 안중근의 일갈이다.

나는 처음부터 목숨을 걸고 국가를 위해 힘을 다할 생각이었다. 이제 와서 죽음을 두려워하여 항고抗告를 신청하지 않겠다. 지금 옥중에서 동양 정책 및 나의 전기를 쓰고 있으니 단지 이것을 완성하고 싶다.[28]

[27] 이영옥 편역, 2018, 앞의 책, pp. 45~46.

'전기'는 완성되었지만 「동양평화론」은 끝을 보지 못했다. 아마 앞에서도 살펴보았듯이, 안중근의 담대하고 원대한 기획과 제안이 두려웠을 것이다. 그렇다면 「동양평화론」은 그렇게 미완성의 형태로 끝난 것일까? 반전은 지금부터다. 1919년 3월 1일에 외친 3.1 독립 「선언서」의 일부이다.[29]

또한 울분과 원한이 쌓이고 쌓인 이천만 국민을, 힘으로 붙잡아 묶어 둔다는 것은 다만 동양의 영원한 평화를 보장하는 노릇이 아닐 뿐 아니라, 이것이 동양의 평안함과 위태함을 좌우하는 사억 중국 사람들의 일본에 대한 두려움과 시샘을 갈수록 짙어지게 하여, 그 결과로 동양 전체가 함께 쓰러져 망하는 비운을 초래할 것이 뻔한 터에, 오늘 우리의 조선독립은 조선 사람으로 하여금 정당한 번영을 이루게 하는 동시에 일본으로 하여금 잘못된 길에서 벗어나, 동양을 버티고 나갈 이로서의 무거운 책임을 다하게 하는 것이며, 중국으로 하여금 꿈에도 피하지 못할 불안과 공포로부터 떠나게 하

---

28 이영옥 편역, 2018, 앞의 책, p. 54.
29 '선언서'의 명칭은 문헌학적으로 구별한다. 우선 통상적으로 '무오독립선언서' 라고 부르는 선언서 제목의 실제 표기는 「대한독립선언서」이다. 다음으로 2·8 독립 「선언서」와 3·1 독립 「선언서」는 모두 '선언서'라고만 적혀 있으므로, 「선언서」 표기 앞에 추가 정보를 덧붙여서 구별하였다. 「대한독립선언서」, 2·8 독립 「선언서」, 3·1 독립 「선언서」 총 3종의 원문과 문헌학적 연구에 대한 엄밀한 작업은 독도디지털도서관에서 후속 연구로 계획되어있음을 밝힌다. 이해를 돕기 위해서 기존의 원문과 번역본을 일단 사용한다.

는 것이며, 또 동양의 평화가 중요한 일부가 되는 세계 평화와 인류 복지에 꼭 있어야 할 단계가 되게 하는 것이라. 이것이 어찌 구구한 감정상의 문제이겠느냐!

이 선언은 1909년 10월 26일에 안중근이 이등박문을 저격한 지 10년 만에, 「동양평화론」이 집필되고 9년이 흐른 뒤 울려 퍼졌다. 동양평화를 위한 논리 구조가, 앞에서 살폈듯이, 「동양평화론」과 궤를 같이하고 있다. 안중근의 논리와 정신을 이어받았음이 분명하다. 이와 관련해서는 '선언서'에 큰 영향을 준 2·8 독립「선언서」와 「대한독립선언서」가 「동양평화론」의 직접적인 영향을 받고 있다는 점을 강조하고자 한다. 무오년(1919. 2. 1)에 울려 퍼진 「대한독립선언서」의 일부이다.

십년 무력과 재앙의 작란作亂이 여기서 극에 이르므로 하늘이 그들의 더러운 덕을 꺼리시어 우리에게 좋은 기회를 주실 새, 우리들은 하늘에 순종하고 인도에 응하여 대한독립을 선포하는 동시에 그들의 합병하던 죄악을 선포하고 징계하니,
1. 일본의 합방 동기는 그들의 소위 범일본주의를 아시아에서 실행함이니, 이는 동아시아의 적이요,
2. 일본의 합방 수단은 사기강박과 불법무도와 무력폭행을 구비하였으니, 이는 국제법규의 악마이며,
3. 일본의 합병 결과는 군경의 야만적 힘과 경제의 압박으로 종

족을 마멸하며, 종교를 억압하고 핍박하며, 교육을 제한하여 세계 문화를 저지하고 장애하였으니 이는 인류의 적이라,

그러므로 하늘의 뜻과 사람의 도리[天意人道]와 정의법리正義法理에 비추어 만국의 입증으로 합방 무효를 선포하며, 그들의 죄악을 응징하며 우리의 권리를 회복하노라. 슬프도다, 일본의 무력과 재앙이여! 작게 징계하고 크게 타이름이 너희의 복이니 섬은 섬으로 돌아가고, 반도는 반도로 돌아오고, 대륙은 대륙으로 회복할지어다. 각기 원상原狀을 회복함은 아시아의 바람인 동시에 너희도 바람이려니와, 만일 미련하게도 깨닫지 못하면 화근이 모두 너희에게 있으니, 복구자신復舊自新의 이익을 반복하여 알아듣게 타이를 것이다.

대한독립은 하늘에 순종하고 인도에 응한다고 한다. 이 주장은, 앞서 살폈듯이, 안중근의 순천응인 정신을 그대로 계승한 것이다. 흥미로운 점은, 일본을 "작게 타이르고 크게 타이르는" 설득 전략도 안중근의 그것을 닮아 있다. 3·1 독립운동의 도화선이 되었던 1919년 2월 8일에 울려 퍼진 2·8 독립 「선언서」도 한국 독립의 근거를 동양평화의 맥락에서 확보하고 있다는 점에서, 안중근의 「동양평화론」 논리 구조의 연장선에 서 있다고 볼 수 있다. 「선언서」에 나오는 주장이다.

최후 동양평화의 견지로 보건대 위협이던 아국은 이미 군국주의적 야심을 포기하고 정의와 자유를 기초로 한 신국가의 건설에 종

사하는 중이며 중화민국도 역연하며 겸하여 차후 국제연맹이 실현되어야 다시 군국주의적 침략을 감행할 강국이 무할 것이다. 그러할진대 한국을 합병한 최대 이유가 소멸되었을 뿐더러 차로부터 조선 민족이 무수한 혁명란을 기한다면 일본에게 합병된 한국은 반하야 동양평화의 요란하고 화원이 될지라. 오족은 정당한 방법으로 오족의 자유를 추구할지나 만일 차로써 성공치 못하면 오족은 생존의 권리를 위하야 온갖 자유행동을 취하야 최후의 일인까지 자유를 위하는 열혈을 유할지니 어찌 동양평화의 화원이 아니리오? 오족은 일병이 무하니 오족은 병력으로써 일본에 저항할 실력이 무하도다. 일본이 만일 오족의 정당한 요구에 불응할진대 오족은 일본에 대하야 영원의 혈전을 선하리라. 오족은 구원히 고상한 문화를 유하얏고 반만년간 국가생활의 경험을 유한자라 비록 다년간 전제정치하의 해독과 경우의 불행이 오족의 금일을 치하얏다 할지라도 정의와 자유를 기초로 한 민주주의의 선진국의 모범을 취하야 신국가를 건설한 후에는 건국 이래 문화와 정의와 평화를 애호하는 오족은 세계의 평화와 인류의 문화에 공헌함이 유할 줄을 신하노라.

인용에서 주목해야 할 대목은 민주주의에 대한 언명이다. 한국 사람들에 대한 이등박문의 말이다.

한국 사람들은 위대하다. 자네도 알고 있다. 한국의 역사를 보면 그들이 우리보다 더 뛰어났던 때도 있었다. 이런 역사를 놓고 보건대 그들이 스스로 정부를 세워서 나라를 이끌어가지 못할 이유가 없다. 그들은 우리보다 결코 열등하지 않다. 오늘의 상황에 대해서 그들을 탓할 이유는 전혀 없다. 그들 정부의 탓이다. 만약 정부가 제대로 운영된다면, 능력 있는 사람들은 결코 부족하지 않고 넘칠 것이다.[30]

이등박문이 이런 말을 했다는 것은 놀라운데, 그 속내의 진위와 관계없이, 그가 예상했던 일은 그대로 일어났다. 1919년 4월 11일에 상해에서 울려 퍼진 「大韓民國臨時憲章宣布文」의 머리이다.

神人一致로 中外協應하야 漢城에 起義한지 三十有日에 平和的 獨立을 三百餘州에 光復하고 國民의 信任으로 完全히 다시 組織한 臨時政府는 恒久完全한 自主獨立의 福利에 我 子孫黎民에 世尊키 爲하야 臨時議政院의 決議로 臨時憲章을 宣布하노라.

다음은 대한민국 「헌법」의 전문이다.

유구한 역사와 전통에 빛나는 우리 대한국민은 3·1운동으로 건립된 대한민국임시정부의 법통과 불의에 항거한 4·19 민주이념을 계승하고, 조국의 민주개혁과 평화적 통일의 사명에 입각하여 정

---

30 Takii Kazuhiro, 2014, 앞의 글, p. 190.

의·인도와 동포애로써 민족의 단결을 공고히 하고, 모든 사회적 폐습과 불의를 타파하며, 자율과 조화를 바탕으로 자유민주적 기본질서를 더욱 확고히 하여 정치·경제·사회·문화의 모든 영역에 있어서 각인의 기회를 균등히 하고, 능력을 최고도로 발휘하게 하며, 자유와 권리에 따르는 책임과 의무를 완수하게 하여, 안으로는 국민생활의 균등한 향상을 기하고 밖으로는 항구적인 세계평화와 인류공영에 이바지함으로써 우리들과 우리들의 자손의 안전과 자유와 행복을 영원히 확보할 것을 다짐하면서 1948년 7월 12일에 제정되고 8차에 걸쳐 개정된 헌법을 이제 국회의 의결을 거쳐 국민투표에 의하여 개정한다.

이등박문이 오늘 여기 한국에 와서 본다면, 한편으로 한국 사람들이 뛰어나다는 자신의 시각이 옳았음을 확인할 것이고, 다른 한편으로 한국을 문명화시키고 개화시킨다는 명목으로 한일병탄을 감행한 일에 대해서 땅을 치고 후회할 것이다. 역사에 길이길이 동양평화를 깨뜨린 자라는 오명을 뒤집어쓸 수밖에 없을 것이기 때문이다. 어쩌면 더 크게 놀라리라.

을미년에는 고종 황제 한 사람에 불과했던 주권자가 지금은 5천만으로 늘어났고, 그 5천만이 민주주의의 기틀 위에서 잘살고 있는 모습을 본다면 말이다. 그 5천만이 더불어서 함께 살아가는 방법을 전 세계 어느 나라 사람보다도 더 잘 실천에 옮기고 있다는 점을 본다면 말이다. 장장 6개월에 걸쳐(2016년 10월 26일~2017

년 4월 29일) 광화문 광장에 촛불 하나로 모여서 민주주의를 지키는 것을 본다면 더욱 그러하리라. 특히 이 과정에서 어떤 유혈 사태도 일어나지 않았다는 점은 민주주의 역사에서 유례없는 일인데, 한국의 민주주의가 세계의 모범이 될 수 있게 된 데에는 3·1혁명, 4·19혁명, 5·18 민주화운동, 87년 대항쟁, 그리고 최근의 촛불 혁명의 밑바닥에 도도하게 흐르는 평화의 정신이 결정적으로 작용했기 때문이다. 그런데 이는 앞으로도 계속 작용할 것이다. 그도 그럴 것이 한반도의 통일과 동양을 평화체제로 만드는 것이 우리의 남은 과제이기 때문이다. 그런데 이를 실현하는 유일한 길은 평화 이외에 다른 방도가 없다.

평화! 안중근은 이를 '順天得地應人'이라고 규정한다. 적어도 이를 대놓고 거부할 자는 아무도 없을 것이다. 하늘을 거스르고 사람의 마음에 어긋난 사람치고, 오래가는 사람이 드물기 때문이다. 단적으로 이등박문이 그 사례이다. 안중근이 표방한 '평화'란 적어도 조선 한문에서는 포착되지 않은 개념이었다. 또한 이념적으로도 제국주의자들이 표방한 개념과는 달리 새로운 것이었다. 패권과 제압의 관점이 아닌 공존과 공영을 위한 것이었다.

일러두기

見利思義 見危授命

이로움을 보면 의리를 생각하고

위급함을 보면 목숨을 바친다.

• 안중근 '유묵'에서

필사본

■ 일본 국립국회도서관본: (이하 **국회본**)

영인본

■『安重根傳記及論說』, 七條淸美關係文書 79-1, 일본 국립국회도서관 헌정자료실, 필사 시기 미상: (이하 **헌정자료실**)

■『한국독립운동사자료총서 제28집 안중근 문집』, 윤병석(편역), 독립기념관 한국독립운동사연구소, 2010, pp. 527~544: (이하 **윤병석**)

■『안중근 자료집 제1권 안중근 유고 ─ 안응칠 역사·동양평화론·기서』, 신운용·최영갑(편역), (사)안중근평화연구원, 2016, pp. 153~169: (이하 **안평연**)

편집본

■『안중근 자료집 제1권 안중근 유고 ─ 안응칠 역사·동양평화론·기서』, 신운용·최영갑(편역), (사)안중근평화연구원, 2016, pp. 144~148: (이하 **안평연**)

번역본

- ■ 『동아일보』, 1979. 9. 19~24 기사, 최근덕(번역): (이하 **최근덕**)
- ■ 『나라사랑 제34집』 「동양평화론」, 최순희(편역), 1979, pp. 132~140: (이하 **최순희**)
- ■ 『한국독립운동사자료총서 제28집 안중근 문집』, 윤병석(편역), 독립기념관 한국독립운동사연구소, 2010, pp. 564~572: (이하 **윤병석**)
- ■ 『안중근 의사 자서전』, ㈜범우, 2014, pp. 123~137: (이하 **범우**)
- ■ 『안중근 자료집 제1권 안중근 유고 ─ 안응칠 역사·동양평화론·기서』, 신운용·최영갑(편역), ㈔안중근평화연구원, 2016, pp. 79~86: (이하 **안평연**)
- ■ 『안중근의 동양평화론』, 이영옥(편역), ㈜서울셀렉션, 2018, pp. 23~40: (이하 **이영옥**)

어떤 문헌의 비판정본을 만들기 위해서 우선시해야 할 것이 판독判讀 작업이다. 판독은 필사본·영인본·편집본 등을 수집하여 대조하고, 이를 바탕으로 원문을 복원하기 위한 기초과정이다. 판독할 때 크게 두 가지를 유념해야 한다. 첫째, 편집자는 필사본·영인본·편집본 등을 글자 하나하나를 엄밀하게 판독해야 한다. 둘째, 전승 과정에서 생겨난 오자誤字나 탈자脫字 등을 문맥의 의미에 따라 다루어야 한다.「동양평화론」은 이 두 가지 지침에 입각하여 작업하였다.

영인본인 '헌정자료실'과 편집본인 '안평원'에서 나타난 오류 양상을 살펴보고자 한다.

먼저 '헌정자료실'의 오류 상황은 다음과 같다.

'헌정자료실'은「동양평화론」의 필사본인 '국회본'을 영인한 것인데, 본 책에서는 '국회본'을 직접 볼 수 없는 상황이기에 부득이하게 비판정본의 저본底本으로 삼았다. '국회본'은「동양평화론」의 육필 원고를 필사하는 과정에서 몇 가지 오류가 보인다. 본 책에서는 이를 '필사오류'라고 명명하였다. '필사오류'에는 세 가지 경우가 있다.

첫째, '白백'을 '自자'로, '亞아'를 '惡악'으로, '干간'을 '于우'로, '形형'을 '刑형'으로, '驚경'을 '警경'으로, '可惜可痛가석가통'을 '何惜可痛하석가통'으로 필사한 경우인데, 글자의 모양이 비슷한 데서 오는 판독 착오로 보인다.

둘째, '咸鏡道함경도'를 '感鏡道감경도'와 같이 필사한 경우인데, 일본어에서 '感かん'과 '咸かん'의 발음이 동일한 데서 발생한 표기법으로 보인다.

셋째, '都도'를 '考고'로 필사한 경우인데, 초서체에서 '都(君)'와 '考(考)'의 모양이 비슷한 데서 오는 판독 착오로 보인다.

'안평연'의 오류상황은 다음과 같다.

이제까지 국내에서 출간된 자료 중에서 「동양평화론」전문全文을 판독하여 정자체正字體로 편집하였지만 '안평원'은 많은 문제점을 가지고 있다. 위에서 거론한 판독 작업 시 유념해야 할 기본적인 사항을 간과했을 뿐만 아니라, 타이핑하는 과정에서 몇 가지 유형의 반복적인 실수를 범하고 있다.

첫째, '판독오류'이다. '定정'을 '安안'으로, '尤우'를 '大대'로, '仗장'을 '伏복'으로 탈초한 경우인데, 판독하는 과정에서 글자 모양이 비슷한 데서 오는 착오이다. 판독할 때 글자 모양이 비슷하여 어떤 글자로 확정해야 할지 가늠이 안 될 경우는 문맥상의 의미까지 고려해야 하는데, 이러한 노력이 보이지 않는다.

둘째, '병음입력오류'이다. '腹복'을 '服복'으로 판독했는데 병음이 'fu'로 유사하고, '者자'를 '這저'로 판독했는데 병음이 'zhe'로 유사하고, '也야'를 '業업'으로 판독했는데 병음이 'ye'로 유사하고, '和화'를 '合합'으로 판독했는데 병음이 'he'로 유사하다. 이러한 오류는 '안평원'을 편집한 작업자가 우리나라 한자漢字 발음보다는 중국의 병음拼音에 익숙하여 타이핑 작업 중에서 발생한 입력 착오로 보인다.

셋째, '간체자입력오류'이다. '慾'을 '欲'으로 판독했는데 간체자는 '欲'으로 동일하고, '咸'을 '鹹'으로 판독했는데 간체자는 '咸'으로 동일하고, '讎수'를 '仇구'로 판독했는데 간체자는 '仇'로 동일하고, '云'을 '雲'으로 판독했는데 간체자는 '云'으로 동일하고, '里'를 '裏'로 판독했는데 간체자는 '里'로 동일하다. 이러한 오류는 '병음입력오류'처럼 '안평원'을 편집한 작업자가 우리나라 한자漢字 발음보다는 중국어 병음拼音에 익숙하여 타이핑 작업 중에 발생한 입력 착오로 보인다.

넷째, '의미입력오류'이다. '艦함'을 '船선'으로 판독했는데 모두 '배'라는 의미이고, '媾구'를 '講강'으로 판독했는데 모두 '화친하다'라는 의미이다. 이러한 오류는 편집자가 판독하는 과정에서 동의이자同義異字에 의한 입력 착오로 보인다.

다섯째, '탈자오류'이다. '棄如'를 '棄'로, '金銀'을 '金'으로, '滿洲境'을 '滿洲'로 '軍團'을 '軍'으로, '之際'를 '之'로, '馬關條約'을 '條約'으로 편집하였다.

여섯째, '첨가오류'이다. '以同樣'에 '以同'을 덧붙여 '以同以同樣'으로, '云云'에 '等'을 덧붙여 '等云云'으로 편집하였다.

일곱째, '바뀜오류'이다. '前鑑 一'을 '一前鑑'으로 '爭競'을 '競爭'으로 편집하였다.

여덟째, '간격오류'이다. '日□皇'을 '日皇'으로, '淸□帝'를 '淸帝'

로, '韓國□明聖皇后閔氏'를 '韓國明聖皇後閔氏'로 간격을 붙여 편집하였다. 고문古文을 사용하던 왕조시대에는 국호國號나 국왕國王 등을 언급할 때 호칭 바로 앞에 한 칸을 띄었는데, 이는 차별성을 부각시켜 존칭의 의미를 나타내기 위해서이다. 편집자는 이러한 사실을 인지하지 못하고 간격을 붙여 편집하였다.

아홉째, '교정'에 해당하는 부분이다. 한문에서 앞글자와 뒷글자가 같은 글자일 경우 뒷글자의 위치에 반복 표시인 '々'으로 표기하였다. 이에 '云々'을 '云云'으로 '千々萬々'을 '千千萬萬'으로 교정하였다.

＊약자略字, 이체자異體字, 간체자簡體字 등은 우리나라 교육과정에서 쓰고 있는 정자(正字)로 편집하였다.

이상의 아홉 가지 오류 분류에 입각하여 주의해야 할 것을 일별하면 아래와 같다.

1	병음입력오류	'論(헌정자료실)'과 '輪(안평연)'의 병음이 'lun'으로 유사하다.
2	판독오류	'定(헌정자료실)'을 '安(안평연)'으로 판독하였다.
3	병음입력오류	'氣(헌정자료실)'와 '器(안평연)'의 병음이 'qi'로 유사하다.
4	병음입력오류	'鍊(헌정자료실)'과 '練(안평연)'의 병음이 'lian'으로 유사하다.
5	탈자오류	'棄如(헌정자료실)'에서 '如'를 빼고 '棄(안평연)'로 편집하였다.
6	판독오류	'也(헌정자료실)'를 '地(안평연)'로 판독하였다.
7	판독오류	'尤(헌정자료실)'를 '大(안평연)'로 판독하였다.

8	판독오류	'拳(헌정자료실)'을 '擧(안평연)'로 판독하였다.
9	필사오류	'考(헌정자료실, 안평연)'를 '都'로 교정하였다. '考(考)'와 '都(考)'는 초서체에서 모양이 유사하여 잘못 판독하는 경우가 많은데, 필사자가 필사하는 과정에서 '都'를 '考'로 잘못 판독한 결과로 보인다.
10	판독오류	'劵(헌정자료실)'를 '努(안평연)'로 판독하였다.
11	간격오류	'日□皇(헌정자료실)'을 '日皇(안평연)'으로 간격을 붙여 편집하였다.
12	판독오류	'仗(헌정자료실)'을 '伏(안평연)'으로 판독하였다.
13	판독오류	'萬(헌정자료실)'을 '滿(안평연)'으로 판독하였다.
14	병음입력오류	'淸(헌정자료실)'과 '請(안평연)의 병음이 'qing'으로 유사하다.
15	첨가오류	'以同樣(헌정자료실)'에서 '以同'을 덧붙여 '以同以同樣(안평연)'으로 편집하였다.
16	판독오류	'喜(헌정자료실)'를 '表(안평연)'로 판독하였다.
17	판독오류	'建(헌정자료실)'을 '違(안평연)'로 판독하였다.
18	교정	'千〻萬〻(헌정자료실)'을 '千千萬萬'으로 교정하였다.
19	판독오류	'勒(헌정자료실)'을 '靭(안평연)'으로 판독하였다.
20	판독오류	'猫(헌정자료실)'를 '描(안평연)'로 판독하였다.
21	필사오류	'何惜可痛(헌정자료실)'을 문맥상 의미를 감안하여 '可惜可痛(안평연, 독도글두레)'으로 교정하였다.
22	판독오류	'漁(헌정자료실)'를 '滦(안평연)'로 판독하였다.
23	병음입력오류	'於(헌정자료실)'와 '于(안평연)'의 병음이 'yu'로 유사하다.
24	필사오류	문맥상 '아시아'의 의미인 '亞'를 필사하는 과정에서 '惡(헌정자료실, 안평연)'으로 오류가 발생한 것으로 보여 교정하였다.
25	판독오류	'愾(헌정자료실)'를 '慨(안평연)'로 판독하였다.

26	판독오류	'仗(헌정자료실)'을 '伏(안평연)'으로 판독하였다.
27	판독오류	'書(헌정자료실)'를 '言(안평연)'으로 판독하였다.
28	간격오류	'東洋平和論 目錄(헌정자료실)'을 '東洋平和論目錄(안평연)'으로 편집하였다.
29	바뀜오류	'前鑑 一(헌정자료실)'을 '一前鑑(안평연)'으로 편집하였다.
30	바뀜오류	'現狀 二(헌정자료실)'를 '二現狀(안평연)'으로 편집하였다.
31	바뀜오류	'伏線 三(헌정자료실)'을 '三伏線(안평연)'으로 편집하였다.
32	바뀜오류	'問答 四(헌정자료실)'를 '四問答(안평연)'으로 편집하였다.
33	탈자오류	'(甲午)(헌정자료실)'에서 '( )'를 빼고 '甲午(안평연)'로 편집하였다.
34	판독오류	'部(헌정자료실)'를 '都(안평연)'로 판독하였다.
35	판독오류	'重(헌정자료실)'을 '里(안평연)'로 판독하였다.
36	판독오류	'和(헌정자료실)'를 '知(안평연)'로 판독하였다.
37	판독오류	'所(헌정자료실)'를 '死(안평연)'로 판독하였다.
38	병음입력오류	'臆(헌정자료실)'과 '憶(안평연)'의 병음이 'yi'로 유사하다.
39	판독오류	'虎(헌정자료실)'를 '偉(안평연)'로 판독하였다.
40	판독오류	'勒(헌정자료실)'을 '勤(안평연)'으로 판독하였다.
41	간체자입력오류	'慾(헌정자료실)'과 '欲(안평연)'의 간체자(簡體字)는 '欲'으로 동일하다.
42	판독오류	'適(헌정자료실)'을 '通(안평연)'으로 판독하였다.
43	판독오류	'算(헌정자료실)'을 '業(안평연)'으로 판독하였다.
44	판독오류	'腸(헌정자료실)'을 '傷(안평연)'으로 판독하였다.
45	병음입력오류	'洋(헌정자료실)'과 '樣(안평연)'의 병음이 'yang'으로 유사하다.
46	간격오류	'淸□帝(헌정자료실)'를 '淸帝(안평연)'로 편집하였다.

47	탈자오류	'金銀(헌정자료실)'에서 '銀'을 빼고 '金(안평연)'으로 편집하였다.
48	판독오류	'損(헌정자료실)'을 '換(안평연)'으로 판독하였다.
49	판독오류	'䆘(헌정자료실)'를 '管(안평연)'으로 판독하였다.
50	필사오류	'自(헌정자료실)'를 문맥상 의미로 보아 '白'으로 교정하였다.
51	바뀜오류	'爭競(헌정자료실)'을 '競爭(안평연)'으로 편집하였다.
52	탈자오류	'滿洲境(헌정자료실)'에서 '境'을 빼고 '滿洲(안평연)'로 편집하였다.
53	판독오류	'因(헌정자료실)'을 '固(안평연)'로 판독하였다.
54	판독오류	'乎(헌정자료실)'를 '于(안평연)'로 판독하였다.
55	판독오류	'輸(헌정자료실)'를 '輪(안평연)'으로 판독하였다.
56	탈자오류	'軍團(헌정자료실)'에서 '團'을 빼고 '軍(안평연)'으로 편집하였다.
57	판독오류	'餉(헌정자료실)'을 '拘(안평연)'로 판독하였다.
58	간격오류	'□日兵幸(헌정자료실)'을 '日兵幸(안평연)'으로 편집하였다.
59	필사오류 및 간체자입력오류	'感鏡道'는 문맥상 행정구역인 '咸鏡道'를 의미한다. 필사본은 일본인이 작성하였는데, '感(かん)'과 '咸(かん)'의 발음이 동일한 데서 오는 착오로 보인다. 그리고 이 필사본의 '咸(헌정자료실)'과 '鹹(안평연)'의 간체자(簡體字)가 '咸'으로 동일한 데서 착오가 발생하였다.
60	판독오류	'姑(헌정자료실)'를 '如(안평연)'로 판독하였다.
61	간격오류, 간체자입력오류	'韓國□明聖皇后閔氏(헌정자료실)'를 '韓國明聖皇後閔氏(안평연)'로 편집하였다. 그리고 '后(헌정자료실)'와 '後(안평연)'의 간체자는 '后'로 동일하다.
62	간체자입력오류	'咸(헌정자료실)'과 '鹹(안평연)'의 간체자는 '咸'으로 동일하다.
63	판독오류	'戈(헌정자료실)'를 '才(안평연)'로 판독하였다.
64	병음입력오류	'腹(헌정자료실)'과 '服(안평연)'의 병음이 'fu'로 유사하다.

65	판독오류	'受(헌정자료실)'를 '侵(안평연)'으로 판독하였다.
66	판독오류	'在(헌정자료실)'를 '忘(안평연)'으로 판독하였다.
67	판독오류	'歎(헌정자료실)'을 '款(안평연)'으로 판독하였다.
68	교정	'膽々(헌정자료실)'을 문맥상 '무서울 만큼 아주 높다'라는 의미인 '騰騰'으로 교정하였다.
69	판독오류	'遮(헌정자료실)'를 '邊(안평연)'으로 판독하였다.
70	병음입력오류	'衝(헌정자료실)'과 '沖(안평연)'의 병음이 'chong'으로 유사하다.
71	판독오류	'餉(헌정자료실)'을 '拘(안평연)'로 판독하였다.
72	판독오류	'繼續(헌정자료실)'을 '從給(안평연)'으로 판독하였다.
73	판독오류	'烏(헌정자료실)'를 '爲(안평연)'로 판독하였다.
74	판독오류	'當(헌정자료실)'을 '是(안평연)'로 판독하였다.
75	병음입력오류	'者(헌정자료실)'와 '這(안평연)'의 병음이 'zhe'로 유사하다.
76	간체자입력오류	'讎(헌정자료실)'와 '仇(안평연)'의 간체자는 '仇'로 동일하다.
77	병음입력오류	'誣(헌정자료실)'와 '巫(안평연)'의 병음이 'wu'로 유사하다.
78	교정, 첨가오류, 간체자입력오류	'云々(헌정자료실)'을 '云云'으로 교정하였다. '等雲雲(안평연)'은 '等'을 덧붙여 편집했을 뿐만 아니라, '云'과 '雲'의 간체자가 '云'으로 동일한 데서 오는 착각으로 오류가 발생하였다.
79	판독오류	'幸(헌정자료실)'을 '辛(안평연)'으로 판독하였다.
80	판독오류	'好機會(헌정자료실)'를 '機械會(안평연)'로 판독하였다.
81	판독오류	'艦(헌정자료실)'을 '船(안평연)'으로 판독하였다.
82	의미입력오류	'艦(헌정자료실)'과 '船(안평연)'은 모두 '배'라는 의미이다.
83	판독오류	'組織(헌정자료실)'을 '租錢(안평연)'으로 판독하였다.
84	판독오류	'直(헌정자료실)'을 '道(안평연)'로 판독하였다.
85	병음입력오류	'旅及(헌정자료실)'과 '律己(안평연)'의 병음이 'lü ji'로 유사하다.

86	교정	'急々(헌정자료실)'을 '急急'으로 교정하였다.
87	병음입력오류	'也(헌정자료실)'와 '業(안평연)'의 병음이 'ye'로 유사하다.
88	판독오류	'毫髮(헌정자료실)'을 '髦發(안평연)'로 판독하였다.
89	병음입력오류	'淸(헌정자료실)'과 '靑(안평연)'의 병음이 'qing'으로 유사하다.
90	병음입력오류	'程度(헌정자료실)'와 '成都(안평연)'의 병음이 'cheng du'로 유사하다.
91	필사오류	'足(헌정자료실, 안평연)'을 문맥상 '여기'라는 의미인 '是'로 교정하였다. '足'과 '是'는 글자 모양이 유사하여 잘못 판독하는 경우가 많은데, 필사자가 필사하는 과정에서 '是'를 '足'으로 잘못 판독한 결과로 보인다.
92	탈자오류	'之際(헌정자료실)'에서 '際'를 빼고 '之(안평연)'로 편집하였다.
93	의미입력오류	'媾(헌정자료실)'와 '講(안평연)'은 모두 '화친하다'라는 의미이다.
94	병음입력오류	'斷(헌정자료실)'과 '段(안평연)'의 병음이 'duan'으로 유사하다.
95	병음입력오류	'落(헌정자료실)'과 '若(안평연)'의 병음이 각각 'luo'와 'ruo'로 유사하다.
96	병음입력오류	'乘勝(헌정자료실)'과 '橙生(안평연)'의 병음이 'cheng sheng'으로 유사하다.
97	병음입력오류	'東(헌정자료실)'과 '動(안평연)'의 병음이 'dong'으로 유사하다.
98	판독오류	'張(헌정자료실)'을 '場(안평연)'으로 판독하였다.
99	병음입력오류	'則(헌정자료실)'과 '澤(안평연)'의 병음이 'ze'로 유사하다.
100	교정	'區々密々(헌정자료실)'을 '區區密密'으로 교정하였다.
101	병음입력오류	'也(헌정자료실)'와 '業(안평연)'의 병음이 'ye'로 유사하다.
102	판독오류	'嘗(헌정자료실)'을 '當(안평연)'으로 판독하였다.
103	병음입력오류	'可(헌정자료실)'와 '客(안평연)'의 병음이 'ke'로 유사하다.
104	판독오류	'曰(헌정자료실)'을 '日(안평연)'로 판독하였다.

105	병음입력오류	'猶(헌정자료실)'와 '悠(안평연)'의 병음이 'you'로 유사하다.
106	간체자입력오류	'里(헌정자료실)'와 '裏(안평연)'의 간체자는 '里'로 동일하다.
107	병음입력오류	'和(헌정자료실)'와 '合(안평연)'의 병음은 'he'로 유사하다.
108	병음입력오류	'權(헌정자료실)'과 '勸(안평연)'의 병음은 'quan'으로 유사하다.
109	탈자오류	'馬關條約(헌정자료실)'에서 '條約'을 빼고 '馬關(안평연)'으로 편집하였다.
110	판독오류	'該(헌정자료실)'를 '談(안평연)'으로 판독하였다.
111	판독오류	'該(헌정자료실)'를 '談(안평연)'으로 판독하였다.
112	간체자입력오류	'慾(헌정자료실)'과 '欲(안평연)'의 간체자(簡體字)는 '欲'으로 동일하다.
113	필사오류	'警(헌정자료실, 안평연)'을 문맥상 '놀라다'라는 의미인 '驚'으로 교정하였다.
114	병음입력오류	'絡(헌정자료실)'과 '酪(안평연)'의 병음이 'lao'로 유사하다.
115	필사오류	'于(헌정자료실)'를 문맥상 '若'과 함께 쓰여 '얼마쯤'의 의미로 쓰이는 '약간'으로 보아 '干'으로 교정하였다.
116	병음입력오류	'鉅(헌정자료실)'와 '鋸(안평연)'의 병음이 'ju'로 유사하다.
117	병음입력오류	'毆(헌정자료실)'와 '歐(안평연)'의 병음이 'ou'로 유사하다.
118	판독오류	'態(헌정자료실)'를 '能(안평연)'으로 판독하였다.
119	필사오류	'刑(헌정자료실, 안평연)'을 문맥상 '모양'의 의미인 '形'으로 교정하였다.
120	판독오류	'剝(헌정자료실)'을 '剁(안평연)'로 판독하였다.
121	병음입력오류	'患(헌정자료실)'과 '環(안평연)'의 병음이 'huan'으로 유사하다.

「동양평화론」
비판정본

丈夫雖死心如鐵 義士臨危氣似雲

장부는 비록 죽더라도 마음이 쇠와 같고

의사는 위기에 닥쳐서도 기운이 구름과 같다.

• 안중근 '유묵'에서

1차문헌

필사본

▪ 일본 국립국회도서관본: (이하 **국회본**)

영인본

▪『安重根傳記及論說』, 七條淸美關係文書 79-1, 일본 국립국회도서관 헌정자료실, 필사 시기 미상: (이하 **헌정자료실**)

▪『한국독립운동사자료총서 제28집 안중근 문집』, 윤병석(편역), 독립기념관 한국독립운동사연구소, 2010, pp. 527~544: (이하 **윤병석**)

▪『안중근 자료집 제1권 안중근 유고—안응칠 역사·동양평화론·기서』, 신운용·최영갑(편역), ㈜안중근평화연구원, 2016, pp. 153~169: (이하 **안평연**)

편집본

▪『안중근 자료집 제1권 안중근 유고—안응칠 역사·동양평화론·기서』, 신운용·최영갑(편역), ㈜안중근평화연구원, 2016, pp. 144~148: (이하 **안평연**)

약호(sigla)

☐: 공란

[1a]　東洋平和論[1] 序

夫合成散敗。萬古常定[2]之理也。現今世界。東西分球。
人種各殊。互相競爭。如行茶飯。研究利器。甚於農商。
新發明電氣[3]砲飛行船浸水艇。皆是傷人害物之機
械也。訓鍊[4]靑年。驅入于戰役之場。無數貴重生靈。棄
如[5]犧牲。血川肉地。無日不絶。好生厭死。人皆常情。淸
明世界。是何光景。言念及此。骨寒心冷。究其末本。則
自古東洋民族。但務文學。而謹守自邦而已。都無侵
奪毆洲寸土尺地。五大洲上人獸草木。所共知者也[6]。
而挽近數百年以來。歐洲列邦。頓忘道德之心。日事
武力。養成競爭之心。小無忌憚。中俄國尤[7]極甚焉。其
暴行殘害。西歐東亞。無處不及。惡盈罪溢。神人共怒。

[1b]　故天賜一期。使東海中小島日本。如此强大之露國。
一擧[8]打倒於滿洲大陸之上。孰就能度量乎。此順天

1　論 헌정자료실: 輪 안평연
2　定 헌정자료실: 安 안평연
3　氣 헌정자료실: 器 안평연
4　鍊 헌정자료실: 練 안평연
5　棄如 헌정자료실: 棄 안평연
6　也 헌정자료실: 地 안평연
7　尤 헌정자료실: 大 안평연

得地應人之理也。當此之時。若韓清兩國人民。上下
一致。欲報前日之仇讎。排日助俄。則無大捷。豈能足
算哉。然而韓清兩國人民。都[9]無如此之行動不啻。反
以歡迎日兵。運輸治道偵探等事。忘勞[10]專力者。何故。
有二大件事。日露開戰之時。日□皇[11]宣戰書。東洋平
和由持。大韓獨立鞏固云。如此大義。勝於靑天白日
之光線。故韓淸人士。勿論智愚。一致同心。感和服從
者。一也。況日露開仗[12]。可謂黃白人種之競爭。故前日
仇讎心情。一朝消散。反成一大愛種黨。此亦人情之
順序矣。可謂合理之一也。快哉。壯哉。數百年來。行惡

[2a] 白人種之先鋒。一鼓大破。可謂千古稀罕事業。萬[13]邦
紀念表蹟也。時。韓淸[14]兩國有志家。不謀以同樣[15]。喜[16]不
自勝者。日本政略。順序就緒。東西球天地肇判後。第

8 拳 헌정자료실: 擧 안평연
9 考 헌정자료실·안평연: 都 독도글두레 교정
10 勞 헌정자료실: 努 안평연
11 日□皇 헌정자료실: 日皇 안평연
12 仗 헌정자료실: 伏 안평연
13 萬 헌정자료실: 滿 안평연
14 淸 헌정자료실: 請 안평연
15 以同樣 헌정자료실: 以同以同樣 안평연
16 喜 헌정자료실: 表 안평연

一等魁傑之大事業。快建[17]之樣。自度矣。噫。千千萬萬[18]
料外。勝捷凱旋之後。最近最親。仁弱同種韓國。勒[19]壓
定約。滿洲長春以南。托借點居。故世界一般人腦。疑
雲忽起。日本之偉大聲名。正大功勳。一朝變遷。尤甚
於蠻行之露國也。嗚呼。以龍虎之威勢。豈作蛇猫[20]之
行動乎。如此難逢之好期會。更求何得。可惜可痛[21]也。
至於東洋平和。韓國獨立之句語。已經過於天下萬
國人之耳目。信如金石。韓清兩國人。捺章於肝腦者
矣。如此之文字思想。雖天神之能力。卒難消滅。況一

[2b] 二個人智謀。豈能抹殺耶。現今西勢東漸之禍患。東
洋人種。一致團結。極力防禦。可爲第一上策。雖尺童
瞭知者也。而何故日本。如此順然之勢不顧。同
種鄰邦剝割。友誼頓絕。自作蚌鷸之勢。若待漁[22]人耶。
韓清兩國人之所望。大絕且斷矣。若政略不改。逼迫
日甚。則不得已。寧亡於異族。不忍受辱於[23]同種。議論

---

17 建 헌정자료실: 違 안평연
18 千々萬々 헌정자료실: 千千萬萬 안평연·독도글두레 교정
19 勒 헌정자료실: 靭 안평연
20 猫 헌정자료실: 描 안평연
21 何惜可痛 헌정자료실: 可惜可痛 안평연·독도글두레 교정
22 漁 헌정자료실: 渫 안평연

湧出於韓淸兩國人之肺腑。上下一體。自爲白人之
前驅。明若觀火之勢矣。然則亞[24]東幾億萬黃人種中。
許多有志家。慷慨[25]男兒。豈肯袖手傍觀。坐待東洋一
局之黑死慘狀。可乎。故東洋平和義戰。開仗[26]於哈爾
賓。談判席定于旅順口。後東洋平和問題意見提出。
諸公眼深察哉。

[3a] 一千九百十年。庚戌。二月。
大韓國人。安重根書[27]于旅順獄中。

[3b] 東洋平和論 目錄[28]
前鑑 一[29]
現狀 二[30]
伏線 三[31]

---

23 於 헌정자료실: 于 안평연
24 惡 헌정자료실·안평연: 亞 독도글두레 교정
25 慨 헌정자료실: 槪 안평연
26 仗 헌정자료실: 伏 안평연
27 書 헌정자료실: 言 안평연
28 東洋平和論 目錄 헌정자료실: 東洋平和論目錄 안평연
29 前鑑 一 헌정자료실: 一前鑑 안평연
30 現狀 二 헌정자료실: 二現狀 안평연
31 伏線 三 헌정자료실: 三伏線 안평연

5　問答 四[32]

[4a]　東洋平和論

　　　安重根著

　　　前鑑

　　　自古及今。無論東西南北之洲。難測者。大勢之飜覆

5　也。不知者。人心之變遷也。向者(甲午)[33]年。日淸戰役論

　　　之。則其時朝鮮國。鼠竊輩東學黨之騷擾因緣。淸日

　　　兩國動兵渡來。無端開戰。互相衝突。日勝淸敗。乘勝

　　　長驅。遼東半部[34]點領。要險旅順陷落。黃海艦隊擊破。

　　　後馬關談判開設條約締結。臺灣一島割讓。二億賠

10　金定款。此謂日本維新後。一大紀蹟也。淸國物重[35]地

　　　大。比於日本。足可爲數十倍。而何故如是見敗耶。自

　　　古。淸國人自稱中華大國。外邦謂之夷狄。驕傲極甚。

[4b]　況權臣戚族擅弄國權。臣民結讎。上下不和[36]。故如是

32 問答 四 헌정자료실: 四問答 안평연

33 (甲午) 헌정자료실: 甲午 안평연

34 部 헌정자료실: 都 안평연

35 重 헌정자료실: 里 안평연

36 和 헌정자료실: 知 안평연

逢辱者也。日本維新以來。民族不睦。競爭不息矣。及
其外交競爭。旣生之後。同室操戈之變。一朝和解。混
成聯合。作成一塊愛國黨。故如是奏凱者矣。此所[37]謂
親切之外人。不如競爭之兄弟也。此時。露國行動記
臆[38]哉。當日。東洋艦隊組織。法德兩國聯合。橫濱海上
大抗論提出。遼東半島。還付於淸國。賠金除減。觀其
外面的擧措。可謂天下之公法正義。然究其內容。則
甚於虎[39]狼之心術也。不過數年敏滑手段。旅順口租
借後。軍港擴張。鐵道建築。推想事根。則露人數十年
以來。奉天以南。大連旅順牛莊等地。溫港一處勒[40]取
之慾[41]。如火如潮。然莫敢下手者。淸國一自英法兩國

[5a] 來侵天津以後。關東各鎭。新式兵馬多大設備。故不
敢生心。但流涎不息。久待期會矣。伊時。適[42]中其算[43]也。
當此時。日本人具眼有志者。孰不腸[44]肚盡裂哉。然究

37 所 헌정자료실: 死 안평연
38 臆 헌정자료실: 憶 안평연
39 虎 헌정자료실: 偉 안평연
40 勒 헌정자료실: 勤 안평연
41 慾 헌정자료실: 欲 안평연
42 適 헌정자료실: 通 안평연
43 算 헌정자료실: 業 안평연

其理由。則此都是日本之過失也。此所謂有孔生風。
5　自伐以後。他人伐之。若日本不先侵犯于清國。則露
國安敢如是行動耶。可謂自斧傷足矣。自此以後。中
原一局。各般社會言論沸騰。故戊戌改變。自然釀成。
義和團猖起。排日斥洋[45]之禍大熾。故八國聯合軍雲
集于渤海之上。天律陷落。北京侵入。清□帝[46]播遷于
10　西安府。軍民間傷害。至於數百餘萬人。金銀[47]財貨之
損[48]害。不計其數。如此之慘禍。世界上罕有之劫會。東
洋一大羞恥不啻[49]。將來黃白[50]人種。分裂爭競[51]。不息之

[5b]　始兆也。豈不警歎哉。此時。露國軍隊十一萬。稱托鐵
道保護。駐屯於滿洲境[52]上。終不撤還。故駐俄京日本
公使栗野氏。唇舌盡弊。然露國政府。聽若不聞不啻。
反以添兵矣。噫。日露兩國間。大慘禍。終不免之。論其

44 膓 헌정자료실: 傷 안평연
45 洋 헌정자료실: 様 안평연
46 清□帝 헌정자료실: 淸帝 안평연
47 金銀 헌정자료실: 金 안평연
48 損 헌정자료실: 換 안평연
49 啻 헌정자료실: 管 안평연
50 自 헌정자료실: 白 안평연·독도글두레 교정
51 爭競 헌정자료실: 競爭 안평연
52 滿洲境 헌정자료실: 滿洲 안평연

5　根因[53]。則究竟何歸乎[54]。是足爲東洋一大前轍也。當時。
日露兩國。各出師於滿洲之際。露國但以西伯利亞鐵道。
八十萬軍備輸[55]出。日本渡海越國。四五軍團[56]輜重粮餉[57]。
水陸兼進入。送于遼河一帶。雖有定算云。然豈不危
險哉。決非萬全之策。眞可謂浪戰也。觀其陸軍之作

10　路。則韓國各海口。與盛京金州灣等地。下陸。則這間
四五千里。水陸之困苦。不言可知也。此時。□日兵幸[58]
有連勝之利。然感[59]鏡道猶未過。旅順口姑[60]不破。奉天

[6a]　尚未捷之際。若韓國官民間。一致同聲。乙未年。日本人
韓國□明聖皇后閔氏[61]。無故弑殺之仇讎。當此可報。
飛檄四方。咸[62]鏡平安兩道之間。露國兵馬交通。出其
不意。往來衝突。淸國亦上下協同。前日義和團時。行

53 因 헌정자료실: 固 안평연
54 乎 헌정자료실: 于 안평연
55 輸 헌정자료실: 輪 안평연
56 軍團 헌정자료실: 軍 안평연
57 餉 헌정자료실: 拘 안평연
58 □日兵幸 헌정자료실: 日兵辛 안평연
59 感 헌정자료실: 鹹 안평연
60 姑 헌정자료실: 如 안평연
61 韓國□明聖皇后閔氏 헌정자료실: 韓國明聖皇後閔氏 안평연
62 咸 헌정자료실: 鹹 안평연

5　動如一。甲午年之舊讎。不可不報。北清一帶。人民暴動。
窺察虛實。攻其無備之說提出。蓋平遼陽方面。遊戈[63]
襲擊。進戰退守。則日兵大勢。南北分裂。腹[64]背受[65]敵。困
在[66]垓心之歎[67]。難免矣。若到如此之境。則旅順奉天等地。
露國將卒。銳氣騰騰[68]。氣勢倍加。前遮[69]後應。左衝[70]右突。
10　則日兵之勢力。首尾不及。輜重粮餉[71]。繼續[72]之策。尤極
罔涯矣。然則山縣乃木氏之謀略。必作烏[73]有之境矣。
況當[74]此之時。清國政府主權者[75]等。野心暴發。舊讎[76]不

[6b]　可報酬。而時不可失也。所謂萬國公法。與嚴正中立

---

63 戈 헌정자료실: 才 안평연
64 腹 헌정자료실: 服 안평연
65 受 헌정자료실: 侵 안평연
66 在 헌정자료실: 忘 안평연
67 歎 헌정자료실: 款 안평연
68 謄々 헌정자료실; 騰騰 안평연·독도글두레 교정
69 遮 헌정자료실: 邊 안평연
70 衝 헌정자료실: 沖 안평연
71 餉 헌정자료실: 拘 안평연
72 繼續 헌정자료실: 從給 안평연
73 烏 헌정자료실: 爲 안평연
74 當 헌정자료실: 是 안평연
75 者 헌정자료실: 這 안평연
76 讎 헌정자료실: 仇 안평연

等說。皆是挽近外交家之狡猾誣[77]術。則不足可道。兵
不厭詐。出其不意。兵家妙算云云[78]。官民一體。無
名出師。排日之狀態。極烈慘毒。則東洋全局。百年風
雲。當何如哉。若如此之境。歐洲列強。可謂幸[79]得好機
會[80]。各其爭先出師矣。時。英國當印度香港等地。所駐
水陸兵馬竝進。來集于威海衛方面。必以強勁手段。
清國政府交涉質問矣。法國。西貢加達馬島。陸軍與
軍艦[81]。一時指揮。會留於廈門等地矣。美德義澳葡希
等國。東洋巡洋艦[82]隊。聯合于渤海上。合同條約預
備。均需利益希望矣。然則。日本不得不全國軍額。與
傾國財政。罔夜組織[83]後。滿韓等地。直[84]向輪送矣。清國

[7a] 飛檄四方。滿洲與山東河南荊襄等地。軍旅及[85]義勇
兵。急急[86]召集。龍戰虎鬪之勢。一大風雲做出矣。若如

77 誣 헌정자료실: 巫 안평연
78 云々 헌정자료실: 等雲雲 안평연: 云云 독도글두레 교정
79 幸 헌정자료실: 辛 안평연
80 好機會 헌정자료실: 機械會 안평연
81 艦 헌정자료실: 船 안평연
82 艦 헌정자료실: 船 안평연
83 組織 헌정자료실: 租錢 안평연
84 直 헌정자료실: 道 안평연
85 旅及 헌정자료실: 律己 안평연

此之勢當之。則東洋之慘狀。不言可想也[87]。此時。韓淸
兩國。反不如是不啻。遵守約章。毫髮[88]不動。乃使日本
偉大功勳。建立于滿洲之上。由此觀之。則韓淸[89]兩國
人士之開明程度[90]。與東洋平和之希望的精神。於是[91]
可知矣。然則。東洋一般有志家。一大思量。可誡後日
也。伊時。日露戰役。結局末判之際[92]。媾[93]和條約。成立之
前後。韓淸兩國。有志人之許多所望。大絶且斷[94]矣。當
時。日露兩國之戰勢論之。則一自開仗以後。大小交
鋒。數百次。露兵連戰連敗。傷心落[95]膽。望風以走。日兵百戰
百勝。乘勝[96]長驅。東[97]近浦鹽斯德。北臨哈爾賓。事勢到

86 急々 헌정자료실: 急急 안평연·독도글두레 교정
87 也 헌정자료실: 業 안평연
88 毫髮 헌정자료실: 毫發 안평연
89 淸 헌정자료실: 靑 안평연
90 程度 헌정자료실: 成都 안평연
91 足 헌정자료실·안평연: 是 독도글두레 교정
92 之際 헌정자료실: 之 안평연
93 媾 헌정자료실: 講 안평연
94 斷 헌정자료실: 段 안평연
95 落 헌정자료실: 若 안평연
96 乘勝 헌정자료실: 橙生 안평연
97 東 헌정자료실: 動 안평연

[7b] 此。不可失機也。旣是舞張⁹⁸之勢。則雖蕩盡全國之力。
若一二個月間死力進攻。則⁹⁹東拔浦鹽斯德。北破哈爾
賓。明若觀火之勢矣。若然之。則露國之百年大計。一
朝必作土崩瓦解之勢矣。何故不此之爲。反以區區

5 密密¹⁰⁰。先請媾和。而不成斬草除根之策。可謂歎惜之
處也¹⁰¹。況日露談判論之。則旣是媾和談判之地議定。
天下何嘗¹⁰²華盛頓可¹⁰³乎。當日形勢言之。美國雖曰¹⁰⁴。中
立而無偏僻之心云。然禽獸競爭。猶¹⁰⁵有主客之勢。況
人種競爭乎。日本戰勝之國。露國戰敗之國。則日本

10 何不從我素志以定之矣。東洋足無可合之地然耶。
小村外相。苟且委往于數萬里¹⁰⁶外華盛頓。和¹⁰⁷約結定
之時。樺太島半部。入于罰款之事。容或無怪。然至於

---

98 張 헌정자료실: 場 안평연

99 則 헌정자료실: 澤 안평연

100 區々密々 헌정자료실: 區區密密 안평연·독도글두레 교정

101 也 헌정자료실: 業 안평연

102 嘗 헌정자료실: 當 안평연

103 可 헌정자료실: 客 안평연

104 曰 헌정자료실: 日 안평연

105 猶 헌정자료실: 悠 안평연

106 里 헌정자료실: 裏 안평연

107 和 헌정자료실: 合 안평연

[8a] 韓國添入于其中。名稱優越權[108]有之云。可謂無據失
當者。昔日。馬關條約[109]之時。本是韓國淸國之屬邦。故
該[110]約章中干涉必有矣。然韓露兩國間。初無關係。而
何故挪入於該[111]約章中乎。日本對於韓國。旣有大慾[112]。

5 則何不自己手段自由自行。而如是添入于歐羅巴
白人種之約章之中。以作永世之問題乎。都是沒策
之事也。且美國大統領。已爲仲裁之主。則若韓國處
在於歐美之間。仲裁主必是大驚[113]小怪。以愛種之義。
萬無應從之理矣。且以獪猾手段。籠絡[114]小村外相。但

10 以若干[115]海島地段。與破船鐵道等殘物。排列賠償。而
鉅[116]額罰金全廢矣。若此時。日敗露勝。談判席開催於
華盛頓。則對於日本徵出賠償。豈可如此略小乎。然

[8b] 則。世事之公不公。推此可知。而此無他故。昔日。露國

108 權 헌정자료실: 勸 안평연
109 馬關條約 헌정자료실: 馬關 안평연
110 該 헌정자료실: 談 안평연
111 該 헌정자료실: 談 안평연
112 慾 헌정자료실: 欲 안평연
113 警 헌정자료실·안평연: 驚 독도글두레 교정
114 絡 헌정자료실: 酪 안평연
115 于 헌정자료실: 干 안평연·독도글두레 교정
116 鉅 헌정자료실: 鋸 안평연

東侵西伐。行爲痛憎。故毆[117]美列强。各自嚴正中立。相
不救助矣。旣是逢敗於黃人種後。事過結局之地。豈
無同種之誼哉。此人情世態[118]。自然之勢也。噫。故不顧
自然之形[119]勢。剝[120]害同種鄰邦者。終爲獨夫之患[121]。必不
免矣。

117 毆 헌정자료실: 歐 안평연
118 態 헌정자료실: 能 안평연
119 刑 헌정자료실·안평연: 形 독도글두레 교정
120 剝 헌정자료실: 剩 안평연
121 患 헌정자료실: 環 안평연

「동양평화론」

원문대역

欲保東洋先改政略 時過失機追悔何及

동양을 보호하려면 먼저 정략을 고쳐야 한다.

때가 지나 기회를 잃으면 후회한들 무슨 소용이 있겠는가.

• 안중근 '유묵'에서

【東洋平和論序

夫合成散敗, 萬古常定之理也. 現今世界, 東西分球, 人種各
殊, 互相競爭, 如行茶飯. 研究利器, 甚於農商, 新發明電氣
砲·飛行船·浸水艇, 皆是傷人害物之機械也.

　무릇 '합하면 성공하고 흩어지면 실패한다'라는 말은 만고불변
의 진리이다. 지금 세계는 지역이 동쪽과 서쪽으로 갈라지고 인
종도 제각기 달라 서로 경쟁하기를 마치 차 마시고 밥 먹는 것처
럼 한다. 농사짓고 장사하는 일보다 예리한 무기를 연구하는 일
에 더 열중하여 전기포電氣砲[1]·비행선飛行船[2]·침수정浸水艇[3]을 새롭
게 발명하니, 이것들은 모두 사람을 해치고 사물을 손상시키는
기계이다.

訓鍊靑年, 驅入于戰役之場, 無數貴重生靈, 棄如犧牲, 血川
肉地, 無日不絶. 好生厭死, 人皆常情, 淸明世界, 是何光景!

1　1차 세계대전 당시에 발명된 신무기로, 전파(電波)나 복사선(輻射線)을 이용
　해 무선으로 조종되는 포(砲)를 말한다.
2　헬륨이나 수소 등의 가스를 이용하여 공중에 떠서 날아다니는 항공기를 말한
　다. 1차 세계대전 당시 비행선에서 폭탄을 투하하는 폭격기로 사용되었다.
3　오늘날의 잠수함을 말한다. 20세기 초에는 잠수정(潛水艇) 또는 잠항정(潛航
　艇)이라는 용어가 주로 사용되었다.

言念及此, 骨寒心冷.

청년을 훈련시켜 전쟁터로 몰아넣어 수많은 귀중한 생령生靈을 희생물처럼 버리니, 핏물이 내를 이루고 살점이 땅을 덮는 일이 하루도 끊이지 않는다. 살기를 좋아하고 죽기를 싫어하는 것은 모든 사람의 보통 마음이거늘, 맑고 깨끗한 세상에 이 무슨 광경이란 말인가! 말과 생각이 여기에 미치자 등골이 오싹하고 마음이 싸늘해진다.

究其末本, 則自古東洋民族, 但務文學, 而謹守自邦而已, 都無侵奪毆洲寸土尺地, 五大洲上人·獸·草木, 所共知者也.

이 일의 시작과 끝을 따져보면 예로부터 동양 민족은 글공부에 힘쓰고 자기 나라를 신중하게 지켰을 뿐이고, 유럽[4]의 흙 한 줌도 땅 한 자도 침범하여 빼앗은 적이 전혀 없었다. 이러한 사실은 오대주五大洲에 사는 사람과 짐승과 풀과 나무도 모두 알고 있다.

而挽近數百年以來, 歐洲列邦, 頓忘道德之心, 日事武力, 養

---

4 '유럽'을 뜻하는 한자어는 '毆洲(구주)'이다. '헌정자료실'에는 '歐(구)'와 '毆(구)'를 섞어 표기하고 있는데, 당시 신문이나 잡지에도 '歐'와 '毆'가 함께 쓰이는 용례가 보인다.

成競爭之心, 小無忌憚. 中俄國尤極甚焉, 其暴行殘害, 西
歐·東亞, 無處不及.

　최근 수백 년 이래로 유럽의 여러 나라는 도덕을 생각하는 마
음을 까맣게 잊어 날마다 무력을 일삼고 경쟁하는 마음을 키우
는 데에 조금도 거리낌이 없었다. 이 중에서도 러시아가 가장 심
하였으니, 그들의 포악한 행동과 잔혹한 해악이 서양과 동양에
미치지 않는 곳이 없었다.

[1b]　惡盈罪溢, 神人共怒. 【故天賜一期, 使東海中小島日本, 如此
強大之露國, 一拳打倒於滿洲大陸之上. 孰就能度量乎! 此
順天得地應人之理也.

　악행이 가득 차고 죄가 넘쳐나면 하느님과 사람이 함께 분노한
다. 그러므로 하늘이 한 번의 기회를 내려주어 동해 가운데의 작
은 섬나라인 일본으로 하여금 이런 강대국인 러시아를 만주 대
륙에서 한주먹에 거꾸러뜨리게 하였다. 누군들 이를 헤아릴 수
있었겠는가! 이것이 바로 하늘의 뜻을 따르면 땅의 이로움을 얻
고 사람의 마음에 호응하는 이치이다.[5]

─────────

5　이 부분은 일본이 만주에서 러시아를 대파한 이유가 다름 아닌 하늘의 뜻을
따랐기 때문이며, 그에 따라 땅과 인심을 얻었음을 말한 구절이다. 그런데
'최순희'는 "이에 순천(順天) 등 땅을 점령케 된 것은 인리(人理)에 응답된 것

當此之時, 若韓·淸兩國人民, 上下一致, 欲報前日之仇讎,
排日助俄, 則無大捷, 豈能足算哉! 然而韓·淸兩國人民, 都
無如此之行動不啻, 反以歡迎日兵, 運輸治道偵探等事, 忘勞
專力者, 何故? 有二大件事.

그 당시에 만약 한국과 청국淸國의 두 나라 인민 모두가 일치하
여 지난날의 원수를 갚고자 일본을 배척하고 러시아를 도왔다면
〔일본이〕 큰 승리를 거두지 못했음을 어찌 군이 따질 것이 있겠
는가!⁶ 그런데도 한국과 청국의 두 나라 인민들은 이와 같은 행
동을 조금도 하지 않았을⁷ 뿐만 아니라, 오히려 일본 병사들을 환

이다"라고 풀이하였다. '최근덕', '윤병석', '범우'는 "이것은 하늘에 순하고
땅의 배려를 얻은 것이며 사람의 정에 응하는 이치이다"라고 풀이하였다. '안
평연'은 "이것은 하늘에 순하고 땅의 배려를 얻은 것이며 사람의 마음을 따
른 이치이다"라고 풀이하였고, '이영옥'은 "이것은 하늘의 뜻에 따르고 땅의
보살핌을 얻은 것으로 인정에도 어울리는 일이다"라고 풀이하였다.

6 이 부분은 만약 한국과 청나라가 일본을 돕지 않았다면 일본이 큰 승리를 거
두지 못했음은 군이 따지지 않아도 쉽게 알 수 있다는 의미이다. 그런데 '최
순희'는 '豈能足算哉'를 생략한 채 "일본은 대첩을 거둘 수 없었을 것이다"라
고만 풀이하였고, '최근덕'과 '안평연'은 "큰 승리를 거둘 수 없었을 것이니
어찌 족히 예상을 했겠는가?", '윤병석'은 "큰 승리를 거둘 수 없었을 것이거
늘 어찌 예상을 했겠는가?", '이영옥'은 "일본이 어찌 대승 거둘 것을 예상이
나 했겠는가?", '범우'는 "큰 승리를 거둘 수 없을 것이나 어찌 그것을 예상할
수 있었겠는가?"라고 풀이하였다.

7 이 부분의 원문은 '都無如此之行動不啻'인데, 필사본에서는 '都'가 '考'로 표
기되어 있다. 문맥상 '이와 같은 행동을 조금도 하지 않았다'라고 풀이해야
할 듯하다. '考(考)'와 '都(都)'는 초서체에서 모양이 유사하여 잘못 판독하는

영하고 짐을 옮기며 길을 닦고 정탐하는 일에 수고를 마다하지
않고 힘을 기울인 것은 무슨 연유에서인가? 두 가지 큰일이 있었
기 때문이다.

日·露開戰之時, 日皇宣戰書, '東洋平和由持, 大韓獨立鞏
固'云. 如此大義, 勝於靑天白日之光線. 故韓·淸人士, 勿論
智愚, 一致同心, 感和服從者, 一也.

　일본과 러시아가 전쟁을 시작할 때에 일본 황제가 전쟁을 선포
하는 글에 '동양평화를 유지[8]하고, 대한 독립을 공고히 한다'라고
말하였다. 이런 대의大義는 푸른 하늘의 밝은 햇빛보다 더 분명하
였다. 그러므로 한국과 청국의 인사人士들은 지혜로운 사람과 어
리석은 사람을 막론하고 한마음으로 감화感化[9]되어 따랐던 것이
하나의 이유이다.

경우가 많은데, 필사자가 필사하는 과정에서 '都'를 '考'로 잘못 판독한 결과
로 보인다. '최순희'와 '이영옥'은 모두 '考'로 판독하여 각각 "이런 행동은 생
각지도 않고"와 "이같이 행동할 생각도 없다"라고 풀이하였다. 그밖에 '최근
덕', '안평연', '윤병석' 등은 '考'와 '都'를 변별하지 않은 채 "이와 같은 행동
이 없다"라고만 풀이하였다.

8　'헌정자료실'에는 '由持'로 표기되어 있는데, 내용상 '지탱하여 가다'라는 뜻
　인 '維持(유지)'로 풀이하였다.

9　'헌정자료실'에는 '感和'로 표기되어 있는데, 내용상 '감동을 받아 변화되다'
　라는 뜻인 '感化'로 풀이하였다. 용례에 '感化服從(감화복종)'이라는 구절이
　있다.

況日·露開仗, 可謂黃白人種之競爭. 故前日仇讎心情, 一朝
消散, 反成一大愛種黨. 此亦人情之順序矣, 可謂合理之一
也.

더구나 일본과 러시아가 전쟁을 벌인 것은 황인종과 백인종의
다툼이라 말할 수 있다. 그러므로 지난날에 원수로 여겼던 마음
이 하루아침에 사라져 도리어 크나큰 애종당愛種黨[10]을 이루었다.
이것은 또 사람 마음의 자연스러운 흐름이니, 이치에 맞는 하나
의 이유라고 할 수 있다.

[2a]　快哉壯哉! 數百年來, 行惡,【白人種之先鋒, 一鼓大破, 可謂
千古稀罕事業, 萬邦紀念表蹟也.

통쾌하고 장하도다! 수백 년간 악행을 저지른 백인종의 선봉
러시아를 단 한 차례의 공격으로 대파하였으니, 천고의 드문 일
이며 모든 나라가 기념할 탁월한 공적이라고 할 수 있다.

時, 韓·淸兩國有志家, 不謀以同樣, 喜不自勝者, 日本政略,
順序就緖, 東西球天地肇判後, 第一等魁傑之大事業, 快建之
樣, 自度矣.

10　같은 인종을 사랑하는 무리.

이때, 한국과 청국 두 나라의 뜻있는 사람들이 표정을 같이하기로 꾀하지 않았는데도[11] 기쁨을 가눌 수 없었던 것은, 일본의 정략이 순서에 따라 진척되어 동서양의 하늘과 땅이 처음 갈라진 뒤로 가장 큰 업적이자 통쾌한 모양임을 스스로 알아차렸기 때문이다.

噫! 千千萬萬料外, 勝捷凱旋之後, 最近最親, 仁弱同種韓國, 勒壓定約, 滿洲長春以南, 托借點居. 故世界一般人腦, 疑雲忽起. 日本之偉大聲名, 正大功勳, 一朝變遷, 尤甚於蠻行之露國也.

안타깝다! 전혀 생각지도 않게 일본은 승전하고 개선한 뒤, 가장 가깝고 가장 친하며 어질고 약한 같은 인종인 한국을 억압하여 강제로 조약을 맺었으며, 만주滿洲의 장춘長春 이남을 조차租借를 핑계 삼아 점거[12]하였다. 그러므로 세계 모든 사람의 머릿속

---

11 이 부분의 원문은 '不謀以同樣'으로, '표정을 같이하기로 꾀하지 않다'라고 해야지 앞뒤 문맥이 맞다. 즉, 한국과 청국의 뜻있는 사람들이 일본의 행위에 대해서 사전에 미리 같은 얼굴 표정을 하기로 꾀하지 않았는데도 한결같이 기쁜 표정을 지은 것은 한국과 청국이 간절히 바라던 일을 일본이 실행했기 때문이라는 것이다. 이 부분에 대한 번역을 살펴보면 '최순희'는 '같이', '이영옥'은 '하나같이', '안평연'은 '함께'로만 풀이하였고, '최근덕'과 '윤병석'은 '기약지 않고 함께', '범우'는 '기약없이 함께'라고 풀이하였다.

12 '헌정자료실'에는 '點居'로 표기되어 있는데, 내용상 '어떤 장소를 차지하여

에 의혹이 구름처럼 갑자기 일어났다. 일본의 위대한 명성과 바르고 큰 공훈功勳이 하루아침에 뒤바뀌었으니, 러시아의 만행보다 더욱 심한 일이다.

嗚呼! 以龍虎之威勢, 豈作蛇猫之行動乎? 如此難逢之好期會, 更求何得? 可惜可痛也.

　슬프다! 용과 호랑이의 위세로 어찌 뱀과 고양이의 행동을 일삼는가? 이처럼 만나기 힘든 좋은 기회를 다시 구하려 해도 어찌 얻을 수 있단 말인가? 몹시 아쉽고 가슴이 아프다.

至於 ‘東洋平和, 韓國獨立’ 之句語, 已經過於天下萬國人之耳目, 信如金石, 韓·淸兩國人, 捺章於肝腦者矣. 如此之文字思想, 雖天神之能力, 卒難消滅. 況【一二個人智謀, 豈能抹殺耶!

[2b]

　‘동양평화’와 ‘한국독립’이라는 말에 관해서는 이미 세상 모든 나라 사람들의 눈과 귀에 들어가서 철석처럼 굳게 자리 잡았고, 한국과 청국 두 나라 사람들의 마음과 머릿속에 깊이 새겨져 있다. 이와 같은 글과 사상은 비록 천신天神의 능력으로도 끝내 없

살다’라는 뜻인 ‘占居’로 풀이하였다.

애기 어렵다. 하물며 한두 사람의 꾀로 어찌 뭉개어 없앨 수 있겠는가!

現今西勢東漸之禍患, 東洋人種, 一致團結, 極力防禦, 可爲第一上策. 雖尺童瞭知者也, 而何故日本, 如此順然之勢不顧, 同種鄰邦剝割, 友誼頓絶, 自作蚌鷸之勢, 若待漁人耶? 韓·淸兩國人之所望, 大絶且斷矣.

  오늘날 서세동점西勢東漸[13]의 환난을 동양 인종이 일치단결하고 힘을 다해 방어하는 것이 가장 좋은 계책이다. 비록 어린아이라도 이를 알 것이다. 그런데 무슨 이유로 일본은 이런 순조로운 형세를 둘러보지 않고, 같은 인종인 이웃나라를 착취하고 우의友誼를 갑자기 끊어버려 스스로 방휼지세蚌鷸之勢[14]를 취하여 어부를 기다리는 것처럼 하는가? 한국과 청국 두 나라 사람들의 소망이 크게 꺾이고 말았다.

13 '서양 세력이 차차 동쪽으로 옮겨가다'라는 뜻으로, 밀려드는 외세와 열강을 이르는 말이다.
14 『전국책(戰國策)』에 나오는 말이다. 큰 조개가 껍데기를 벌리고 있을 때 도요새가 쪼아 먹으려다가 오히려 부리를 물리게 되고, 이 둘은 서로 마주 버티다가 어부에게 모두 잡혔다는 내용이다. 이 고사에서 유래하여 '서로 버티고 다투다가 제3자에게 이익을 빼앗김'을 의미한다.

若政略不改, 逼迫日甚, 則不得已, '寧亡於異族, 不忍受辱於同種,' 議論湧出於韓·淸兩國人之肺腑. 上下一體, 自爲白人之前驅, 明若觀火之勢矣.

만약 일본이 정략을 고치지 않고 핍박을 날로 심하게 한다면, 어쩔 수 없이 '차라리 다른 인종에게 망할지언정 차마 같은 인종에게 모욕을 받지 않겠다'라는 의론이 한국과 청국 두 나라 사람들의 마음속에 용솟음칠 것이다. 그래서 모두가 한 몸이 되어 스스로 백인의 앞잡이가 되는 것은 불을 보듯 분명하고 뻔한 형세일 것이다.

然則亞東幾億萬黃人種中, 許多有志家, 慷慨男兒, 豈肯袖手傍觀, 坐待東洋一局之黑死慘狀, 可乎?

이렇게 된다면 동아시아 수억만 명의 황인종 중에 많은 뜻있는 사람들과 비분강개悲憤慷慨한 사나이들이, 어찌 수수방관하며 동양 일부가 새까맣게 죽는 참상을 앉아서 기다리려 할 것이며, 그것이 옳은 것이겠는가?

故東洋平和義戰, 開仗於哈爾賓, 談判席定于旅順口. 後東洋平和問題意見提出, 諸公眼深察哉.

따라서 나는 동양평화를 위한 의로운 전쟁을 하얼빈에서 벌였고, 이를 논의하는 자리는 여순구旅順口로 정해졌다. 뒤이어 동양평화 문제에 관한 의견을 제시하니, 여러분들은 눈으로 깊이 살펴보기를 바란다.

[3a] 【一千九百十年, 庚戌, 二月, 大韓國人, 安重根書于旅順獄中.

1910년 경술 2월, 대한국인 안중근이 여순 감옥 안에서 쓰다.

【東洋平和論. 安重根著.

前鑑

自古及今, 無論東西南北之洲, 難測者, 大勢之翻覆也, 不知者, 人心之變遷也.

전감[15]

예로부터 지금까지 동서남북의 어느 대륙을 막론하고 예측하기 어려운 것은 대세가 뒤집어지는 것이고, 알 수 없는 것은 인심이 변하는 것이다.

向者(甲午)年, 日·清戰役論之, 則其時朝鮮國, 鼠竊輩東學黨之騷擾因緣, 清·日兩國動兵渡來, 無端開戰, 互相衝突.

지난 갑오년(1894년), 일본과 청국의 전쟁을 따져보면, 그때 조선국에서는 좀도둑인 동학東學 무리의 소요騷擾로 말미암아 청국과 일본 두 나라가 군사를 일으켜 바다를 건너왔고, 허락 없이 전쟁을 시작하여 서로 충돌하였다.

---

15 '지난 일을 거울 삼아 비춰보다'라는 뜻으로, 안중근 의사는 일본이 지나간 역사의 과오를 통해 군국주의의 망령에서 벗어나기를 바라는 의미에서 이름을 붙인 듯하다.

日勝淸敗, 乘勝長驅, 遼東半部點領, 要險旅順陷落, 黃海艦
隊擊破. 後馬關談判開設, 條約締結, 臺灣一島割讓, 二億賠
金定款, 此謂日本維新後, 一大紀蹟也.

일본은 청국에 승리하자 승승장구하여 요동의 절반을 점령하
고, 요험지要險地[16]인 여순을 함락시키고 황해 함대를 격파하였다.
후에 시모노세키馬關에서 담판을 벌이고 조약을 체결하여[17] 대만
臺灣 한 섬을 할양받고 2억 원을 배상금으로 정하였으니, 이것은
일본유신日本維新 이후 가장 큰 업적이라고 할 수 있다.

淸國物重地大, 比於日本, 足可爲數十倍, 而何故如是見敗
耶? 自古淸國人, 自稱'中華大國', 外邦謂之夷狄, 驕傲極
[4b] 甚.【況權臣戚族擅弄國權, 臣民結讎, 上下不和. 故如是逢辱
者也.

청국은 물산의 풍부함과 땅의 크기가 일본에 비해 수십 배라고
할 수 있는데, 무슨 까닭으로 이처럼 패배를 당했는가? 옛날부터
청국 사람들은 스스로 '중화대국中華大國'이라고 일컫고 다른 나라

16　지리적으로 적을 막아 내기에 매우 유리할 정도로 험한 곳.
17　시모노세키 조약을 말한다. 1894년에 청일전쟁에서 승리한 일본이 시모노
　　세키에서 청과 체결한 강화조약으로, 중국은 위상이 붕괴된 반면에 일본은
　　서구 열강과 같은 근대적 민족국가의 기틀과 위상을 확보하게 되었다.

를 오랑캐라고 불러 교만함과 오만함이 매우 심하였다. 게다가 권신權臣과 외척外戚이 나라의 권력을 멋대로 휘둘러 관원과 인민이 원수를 맺고 위아래가 화목하지 않았다. 그러므로 이와 같이 치욕을 당한 것이다.

日本維新以來, 民族不睦, 競爭不息矣. 及其外交競爭, 旣生之後, 同室操戈之變, 一朝和解, 混成聯合, 作成一塊愛國黨. 故如是奏凱者矣, 此所謂 ‘親切之外人, 不如競爭之兄弟也’.

　일본은 유신 이후로 민족이 화목하지 않고 다툼이 그치지 않았다. 하지만 외교상의 다툼이 시작된 뒤에는 동족끼리 싸우다가도 하루아침에 화해하였으며, 뒤섞여 연합을 이루고 한 덩어리의 애국당愛國黨[18]을 이루었다. 그러므로 이와 같이 승전가를 울릴 수 있었으니, 이것이 이른바 ‘친절한 바깥사람이 다투는 형제만 못하다’라는 것이다.

此時, 露國行動記臆哉? 當日, 東洋艦隊組織, 法 · 德兩國聯合, 橫濱海上, 大抗論提出, 遼東半島, 還付於淸國, 賠金除減. 觀其外面的擧措, 可謂天下之公法正義.

18　나라를 사랑하는 무리.

이때의 러시아 행동을 기억하는가? 바로 그날 동양함대를 조직하여 프랑스·독일 두 나라와 연합하고, 요코하마橫濱 해상에서 대항론大抗論을 제출하여 요동반도를 청국에 돌려주고 배상금을 경감시켰다. 그 표면적인 행동을 보자면 천하의 공법公法과 정의正義라고 할 만하다.

然究其內容, 則甚於虎狼之心術也. 不過數年, 敏滑手段, 旅順口租借後, 軍港擴張, 鐵道建築. 推想事根, 則露人數十年以來, 奉天以南, 大連·旅順·牛莊等地, 溫港一處, 勒取之慾, 如火如潮.

하지만 그 내용을 속속들이 들여다보면 범과 이리의 심술보다 심하다. 몇 해가 지나지 않아 민첩하고 교활한 수단으로 여순구를 조차한 뒤에 군항을 확장하고 철도를 닦았다. 일의 근원을 미루어 생각해보면, 러시아 사람들이 수십 년 이래 봉천奉天 이남의 대련大連·여순旅順·우장牛莊 등지의 부동항不凍港 한 곳을 강제로 빼앗으려는 욕심이 불처럼 타오르고 밀물처럼 밀려왔기 때문이다.

[5a] 然莫敢下手者, 淸國一自英·法兩國【來侵天津以後, 關東各鎭, 新式兵馬, 多大設備. 故不敢生心, 但流涎不息, 久待期會矣, 伊時, 適中其算也.

그러나 감히 착수하지 못한 것은 청국이 일찍이 한번 영국과 프랑스 두 나라에 천진天津을 침략당한 뒤로 관동關東 각 진영에 신식 무기를 대규모로 갖추었기 때문이다. 그러므로 감히 마음을 먹지 못하고 다만 끊임없이 군침만 흘리며 오랫동안 기회를 기다리다가, 이때 그 계산이 딱 들어맞은 것이다.

當此時, 日本人具眼有志者, 孰不腸肚盡裂哉! 然究其理由, 則此都是日本之過失也. 此所謂'有孔生風; 自伐以後, 他人伐之'. 若日本不先侵犯于淸國, 則露國安敢如是行動耶! 可謂'自斧傷足'矣.

이때에 일본인 중에 안목을 갖추고 뜻이 있는 자라면 누구나 다 애간장이 찢어지지 않았겠는가! 그러나 그 이유를 따져보면 이것은 모두 일본의 잘못이다. 이것은 이른바 '구멍이 있으면 바람이 들어오고, 내가 자신을 해친 뒤에야 남이 나를 해친다.'[19]라

---

19 이 부분은 『맹자』의 '국가는 자신이 해친 뒤에 남이 해친다〔國必自伐而後人伐之〕'를 인용한 것으로, 한 국가의 패망 원인이 내부로부터 비롯되었음을 말한 것이다. 이 부분에 대한 번역을 살펴보면, '최순희'는 "자신이 남을 치면 남도 치는 것"라고 풀이하였고, '최근덕', '윤병석', '안평연', '이영옥', '범우'는 모두 "자기가 치니까 남도 친다"라고 풀이하였는데, 안중근 의사가 맹자의 말을 인용하여 한 국가가 패망하는 근본적인 원인이 내부에서 비롯되었다는 것을 염두에 두지 않고 단순히 국가 간의 전쟁이 발생하는 상황을 묘사한 것이라고 보았다.

는 것이다. 만약 일본이 먼저 청국을 침략하지 않았으면 러시아가 어찌 이와 같이 행동했겠는가! '제 도끼로 제 발등을 찍은 격'이라고 할 수 있다.

自此以後, 中原一局, 各般社會言論沸騰. 故戊戌改變, 自然釀成, 義和團猖起, 排日斥洋之禍大熾.

그 뒤로 중원 일부 지역의 각종 사회 언론이 끓어올랐다. 그러므로 무술개변戊戌改變20이 자연스럽게 조성되었고, 의화단義和團21이 미쳐 날뛰어 일본과 서양을 배척하는 난리가 더욱 치열해졌다.

故八國聯合軍, 雲集于渤海之上, 天津陷落, 北京侵入. 清帝播遷于西安府, 軍民間傷害, 至於數百餘萬人, 金‧銀‧財貨之損害, 不計其數.

그러므로 8국 연합군이 발해渤海 해상에 구름처럼 모여들어 천

---

20 1898년 무술년(戊戌年)에 강유위(康有爲) 등이 중심이 되어 일어난 정치‧사회 제도의 개혁운동인 '변법자강운동(變法自彊運動)'을 말한다.
21 19세기 말 백련교도(白蓮教徒)가 중심이 되어 외세를 배척하기 위해 일어난 비밀결사(秘密結社)로, '부청멸양(扶淸滅洋)'이라는 구호를 내걸고 민족운동을 전개하였다.

진을 함락시키고 북경에 침입하였다. 청국 황제가 서안부西安府[22]로 파천播遷하고 군인과 인민 가운데 상해를 입은 사람이 수백만 명에 이르렀으며, 금·은·재화의 손해가 그 수효를 헤아릴 수가 없었다.

如此之慘禍, 世界上罕有之劫會, 東洋一大羞恥不啻, 將來黃
[5b] 白人種, 分裂爭競, 不息之【始兆也, 豈不警歎哉?

　이와 같은 처참한 재앙은 세계에서 드문 큰 불행이며, 동양의 큰 수치일 뿐만 아니라, 장차 황인종과 백인종이 분열하고 경쟁하는 것이 그치지 않을 징조이니, 어찌 조심하고 탄식하지 않을 수 않겠는가?

此時, 露國軍隊十一萬, 稱托鐵道保護, 駐屯於滿洲境上, 終
不撤還. 故駐俄京, 日本公使栗野氏, 脣舌盡弊. 然露國政府,
聽若不聞不啻, 反以添兵矣.

　이때, 러시아 군대 11만 명은 철도를 보호한다는 핑계로 만주 국경에 주둔하며 끝내 철수하지 않았다. 그러므로 러시아 수도에

22　현재 중국 섬서성(陝西省) 서안시(西安市)를 말한다. 명·청 시대에 서안부를 설치하였다.

주재하고 있는 일본 공사公使 구리노栗野는 〔철수를 주장하느라〕 입술과 혀가 모두 닳을 지경이었다. 그러나 러시아 정부는 못 들은 척했을 뿐만 아니라, 오히려 군사를 증원하기까지 하였다.

噫! 日·露兩國間, 大慘禍, 終不免之. 論其根因, 則究竟何歸乎? 是足爲東洋一大前轍也.

　안타깝다! 일본과 러시아 두 나라 사이에 벌어진 큰 참화를 끝내 벗어나지 못하였다. 그 근본적인 원인을 따져보면 결국 어디로 귀결될 것인가? 이것은 동양의 가장 큰 잘못된 사례가 되기에 충분하다.

當時, 日·露兩國, 各出師於滿洲之際, 露國但以西伯利亞鐵道, 八十萬軍團備輸出, 日本渡海越國, 四五軍團輜重粮餉, 水陸兼進入, 送于遼河一帶.

　당시 일본과 러시아 두 나라가 각각 만주에 군사를 출동시킬 때, 러시아는 오로지 시베리아 철도를 이용하여 80만 군대에 필요한 군수 물품을 실어 보냈고, 일본은 바다를 건너고 남의 나라를 지나서 네다섯 군단의 군수 물품과 군량을 수로와 육로 양쪽으로 들여보내 요하 일대로 운송하였다.

雖有定算云, 然豈不危險哉! 決非萬全之策, 眞可謂浪戰也. 觀其陸軍之作路, 則韓國各海口, 與盛京金州灣等地, 下陸, 則這間四五千里, 水陸之困苦, 不言可知也.

비록 예상된 계산이었다고 하지만, 어찌 위험하지 않았겠는가! 결코 만전의 계책이 아니니, 참으로 허망한 싸움이라고 할 수 있다. 육군이 길을 잡은 것을 보면, 한국의 각 항구와 성경盛京23의 금주만金州灣24 등지로 상륙할 때까지 거리가 4~5천 리이니, 해로와 육로의 고생은 말하지 않아도 알 수 있다.

[6a] 此時, 日兵幸有連勝之利. 然感鏡道猶未過, 旅順口姑不破, 奉天【尙未捷之際.

이때, 일본 군대는 운 좋게 연이은 승리를 거두었다. 그러나 함경도25를 아직 통과하지 못했고, 여순구를 빠른 시간 안에 함락하지 못했으며, 봉천에서도 승리하지 못하였다.

---

23 중국의 심양(瀋陽)을 말한다. 성경은 북경(北京)으로 천도하기 이전의 청(淸)의 수도였다.

24 중국 요녕반도(遼寧半島) 서쪽에 있는 만을 말한다.

25 '헌정자료실'에는 '感鏡道(감경도)'로 표기되어 있는데, 내용상 북한의 행정구역의 하나인 '咸鏡道(함경도)' 지방으로 풀이하였다. '헌정자료실'은 필사본으로 일본인이 작성하였는데, '感(かん)'과 '咸(かん)'의 발음이 동일한 데서 오는 착오로 보인다.

若韓國官民間, 一致同聲, 乙未年, 日本人, 韓國明聖皇后閔氏, 無故弑殺之仇讎, 當此可報, 飛檄四方, 咸鏡·平安兩道之間, 露國兵馬交通, 出其不意, 往來衝突;

만약 한국의 관리와 인민이 한목소리로 을미년에 일본인이 한국 명성황후 민비를 무고하게 시해한 원수를 이때 갚아야 한다고 사방에 격문을 돌리고, 함경도와 평안도 두 도 사이에 있는 러시아 군대와 소통하여 예상치 못한 전략을 내어 이쪽저쪽에서 공격하며,

淸國亦上下協同, 前日義和團時, 行動如一, 甲午年之舊讎, 不可不報, 北淸一帶, 人民暴動, 窺察虛實, 攻其無備之說提出, 蓋平·遼陽方面, 遊戈襲擊, 進戰退守, 則日兵大勢, 南北分裂, 腹背受敵, 困在垓心之歎, 難免矣.

청국 또한 위아래가 협동하여 옛날의 의화단 때처럼 일치된 행동으로 갑오년의 옛 원수를 갚지 않을 수 없다며 청국 북부 일대에서 인민이 폭동을 일으키고 허실을 엿보아 방비가 안 된 곳을 공격하자고 주장하고, 개평蓋平과 요양遼陽 방면에서 유격 전술로 습격하고 전진하여 싸우다가 물러나 지켰다면, 일본 군대의 전체 형세는 남북으로 분열되어 앞뒤로 적을 맞아 포위망 속에서 곤란함을 겪는 탄식을 면하기 어려웠을 것이다.

若到如此之境, 則旅順·奉天等地, 露國將卒, 銳氣騰騰, 氣
勢倍加. 前遮後應, 左衝右突, 則日兵之勢力, 首尾不及, 輜
重粮餉, 繼續之策, 尤極罔涯矣.

　만약 이러한 지경에 이르렀다면 여순과 봉천 등지에서 러시아
의 장졸將卒은 예기銳氣가 등등하고 기세가 배가 되었을 것이다.
그리하여 앞에서는 가로막고 뒤에서는 호응하며 좌충우돌했다
면 일본 군대의 세력은 머리와 꼬리가 닿지 않아 군수 물품과 군
량을 수송할 계책이 더욱더 아득했을 것이다.

然則山縣乃木氏之謀略, 必作烏有之境矣. 況當此之時, 淸國

[6b]　政府主權者等, 野心暴發, 舊讎不【可報酬, 而時不可失也.

　그렇다면 야마가타山縣26와 노기乃木27의 모략은 필시 아무것도
한 일이 없는 경우가 되고 말았을 것이다. 게다가 이 당시에 청국
정부에서 권력을 책임진 자들도 야심을 강하게 표출하여 옛 원
수를 갚을 수 없더라도 때를 잃지 않았을 것이다.28

26　야마가타 아리토모(山縣有朋, 1838~1922)를 말한다. 러일전쟁 당시 2군 사
　　령관을 지냈다.
27　노기 마레스케(乃木希典, 1849~1912)를 말한다. 러일전쟁 당시 3군 사령관
　　을 지냈다.
28　이 부분의 원문은 '舊讎不可報酬 而時不可失也'로, "옛 원수를 갚을 수 없더
　　라도 때를 잃지 않았을 것이다"라고 풀이할 수 있다. 이 부분에 대한 번역

所謂'萬國公法'與'嚴正中立'等說, 皆是挽近外交家之狡猾誣術, 則不足可道. '兵不厭詐, 出其不意, 兵家妙算'云云, 官民一體, 無名出師, 排日之狀態, 極烈慘毒, 則東洋全局, 百年風雲, 當何如哉!

이른바 '만국공법萬國公法'과 '엄정중립嚴正中立' 등의 주장은 모두 오늘날 외교가의 교활한 속임수이니, 말할 것이 못 된다. '전쟁에서는 속임수를 싫어하지 않는다', '예상치 못한 틈에 공격한다', '병법가의 묘한 계책이다'라고 말을 늘어놓으면서, 관리와 인민이 한 몸이 되어 명분 없는 군사를 출동시키고 일본에 대항하는 상태가 극렬하고 참혹하다면, 동양 전체가 백 년 동안의 풍파를 어찌 감당하겠는가!

若如此之境, 歐洲列强, 可謂幸得好機會, 各其爭先出師矣. 時, 英國當印度·香港等地, 所駐水陸兵馬竝進, 來集于威海衛方面, 必以强勁手段, 淸國政府, 交涉質問矣.

만약 이러한 상황이었다면 유럽 열강은 다행히 좋은 기회를 얻

을 살펴보면, '안평연'은 "지난 원한을 갚았을 것이고 때도 놓치지 않았을 것이다", '윤병석'과 '범우'는 "묵은 원한을 갚게 되었을 것이고 때도 놓치지 않았을 것이다", '최근덕'은 "묵은 원한을 갚지 못하게 되지 않았을 것이고 때도 놓치지 않았을 것이다.", '이영옥'은 "묵은 한을 갚는 시기를 놓치지 않았을 것이다"라고 풀이하였다.

었다고 할 수 있어, 저마다 앞다투어 출병하였을 것이다. 이때 영국은 인도와 홍콩 등지를 차지한 상황에서 주둔하고 있는 육군과 해군을 함께 진출시켜 위해위威海衛[29] 방면에 집결시키고, 반드시 강경한 수단으로 청국 정부와 교섭하고 따지려 했을 것이다.

法國, 西貢·加達馬島, 陸軍與軍艦, 一時指揮, 會留於廈門等地矣. 美·德·義·澳·葡·希等國, 東洋巡洋艦隊, 聯合于渤海上, 合同條約預備, 均霑利益希望矣.

프랑스는 사이공西貢과 마다가스카르馬達加島[30]에서 육군과 군함을 동시에 지휘하여 하문廈門[31] 등지에 집결했을 것이다. 미국·독일·이탈리아[32]·오스트리아·포르투갈·그리스 등의 나라들은 동

---

29 중국 산동성(山東省) 북동쪽에 위치한 항구도시로, 현재의 위해시(威海市)
    이다.
30 '헌정자료실'에는 '加達馬島'라고 표기, '마다가스카라(Madagascar)'의 한어
    (漢語) 표기 방식인 '馬達加斯加島'를 잘못 쓴 듯하다. 러시아 함대가 러일
    전쟁 직전인 1904년과 1905년에 걸쳐 프랑스 식민지인 마다가스카르와 사
    이공을 경유한 사실이 있다.
31 중국 복건성(福建省) 남동부의 항만·상공업 도시.
32 위 문장에서는 당시 동양순양함대를 보유하고 있던 국가명 한문 음역어
    의 앞글자만을 따서 나라들을 열거하고 있다. 문제는 '義'에 해당하는 국가
    명인데, 이는 이탈리아의 음역어 '義大利國'을 의미한다. '최순희'를 제외
    한 다른 번역본들은 '義'에 해당하는 국가명만을 벨기에의 음역어 '白耳義'
    의 뒷글자를 딴 것으로 해석하고 있다. 그 이유는 당시 동양함대를 가지고
    있었던 나라는 이탈리아가 아니라 벨기에였다는 주장을 하고 있다. 하지만

양순양함대를 발해 해상에서 연합해 합동으로 조약을 준비하여
이익을 고루 나눠 갖기를 희망했을 것이다.

然則, 日本不得不全國軍額, 與傾國財政, 罔夜組織後, 滿·韓
[7a] 等地, 直向輸送矣. 淸國【飛檄四方, 滿洲與山東·河南·荊襄
等地, 軍旅及義勇兵, 急急召集, 龍戰虎鬪之勢, 一大風雲做
出矣. 若如此之勢當之, 則東洋之慘狀, 不言可想也.

〔유럽 열강이〕 이렇게 움직였다면 일본은 어쩔 수 없이 군인의
수효를 갖추고 국가 재정을 기울여 밤새 조직한 뒤에 만주와 한
국 등지로 곧장 향하여 수송했을 것이다. 청국은 사방으로 격문
을 재빨리 돌려 만주滿洲와 산동山東·하남河南·형양荊襄 등지에 군
대와 의용병을 급히 소집하여 용과 범이 싸우는 것 같은 기세로
큰 풍파를 일으켰을 것이다. 만약 이와 같은 형세가 벌어졌다면
동양의 참상은 굳이 말하지 않아도 상상할 수 있다.

此時, 韓·淸兩國, 反不如是不啻, 遵守約章, 毫髮不動, 乃使
日本偉大功勳, 建立于滿洲之上.

1896년 『대조선독립협회회보』는 동양함대를 가지고 있는 6개 열강으로 영
국·프랑스·러시아·독일·이탈리아·미국(英佛露獨伊美)을 열거하고 있다.
여기서 '伊'는 이탈리아의 또 다른 음역어인 伊太利亞를 의미한다.

이때 한국과 청국 두 나라는 도리어 이와 같이 하지 않았을 뿐만 아니라, 약속한 법을 준수하고 조금도 움직이지 않아 일본으로 하여금 위대한 공훈을 만주 위에 세우게 하였다.

由此觀之, 則韓·淸兩國人士之開明程度, 與東洋平和之希望的精神, 於是可知矣. 然則, 東洋一般有志家, 一大思量, 可誡後日也.

이것으로 말미암아 살펴보면, 한국과 청국 인사士의 문명화 정도와 동양평화를 희망하는 정신을 여기서 알 수 있다. 그렇다면 동양 일반의 뜻있는 사람들의 큰 생각은 뒷날을 경계할 만하다.

伊時, 日·露戰役, 結局末判之際, 媾和條約, 成立之前後, 韓·淸兩國, 有志人之許多所望, 大絶且斷矣.

그때 일본과 러시아의 전쟁이 마무리될 무렵이며 강화조약이 성립된 전후로, 한국과 청국 두 나라의 뜻있는 많은 사람의 소망이 크게 좌절되고 말았다.

當時, 日·露兩國之戰勢論之, 則一自開仗以後, 大小交鋒, 數百次. 露兵連戰連敗, 傷心落膽, 望風以走. 日兵百戰百勝, 乘勝長驅, 東近浦鹽斯德, 北臨哈爾賓.

당시에 일본과 러시아 두 나라의 전세를 따져보면, 처음 전쟁을 시작한 뒤로 크고 작은 교전이 수백 차례였다. 러시아 군대는 싸울 때마다 잇따라 패배하여 상심하고 낙담하여 멀리서 일본군 모습만 봐도 달아나고 말았다. 일본 군대는 싸울 때마다 모조리 이기며 승승장구하여 동쪽으로는 블라디보스토크浦鹽斯德에 근접했고, 북쪽으로는 하얼빈에 다가섰다.

[7b] 事勢到【此, 不可失機也. 旣是舞張之勢, 則雖蕩盡全國之力, 若一二個月間死力進攻, 則東拔浦鹽斯德, 北破哈爾賓, 明若觀火之勢矣.

일의 형세가 이 정도까지 이르게 되자 기회를 놓쳐서는 안 되는 일이었다. 이미 벌인 일이니 비록 온 나라의 힘을 탕진하더라도 만약 한두 달만 사력으로 진격하면 동쪽으로는 블라디보스토크를 빼앗고, 북쪽으로는 하얼빈을 함락시키는 것은 불 보듯 뻔한 형세였을 것이다.

112

若然之, 則露國之百年大計, 一朝必作土崩瓦解之勢矣. 何故不此之爲, 反以區區密密, 先請媾和, 而不成斬草除根之策? 可謂歎惜之處也.

만약 그렇게 하였더라면 러시아의 백 년에 걸친 큰 계획은 하루아침에 필시 수습할 수 없는 형세가 되었을 것이다. 무슨 까닭으로 이와 같이 하지 않고 도리어 구차하고 은밀하게 먼저 강화를 요청하여 풀을 베고 뿌리를 제거하는 계책을 이루지 못했는가? 한탄스럽고 애석한 부분이라고 할 만하다.

況日 · 露談判論之, 則旣是媾和談判之地議定, 天下何嘗華盛頓可乎! 當日形勢言之, 美國雖曰:"中立而無偏僻之心"云, 然禽獸競爭, 猶有主客之勢, 況人種競爭乎!

게다가 일본과 러시아가 담판한 것을 따져보면 이미 강화 담판의 장소를 의논하여 결정하였는데, 천하에 어찌 워싱턴이 합당한 적이 있었단 말인가! 당시의 형세로 말해보면, 미국이 비록 "중립국으로 편벽된 마음이 없다"라고 하지만 짐승들의 다툼에도 오히려 주객지세主客之勢[33]가 있거늘, 하물며 인종 간의 경쟁에서랴!

---

[33] '주인과 손님 사이의 형세'라는 뜻으로, 종속적인 처지에 있는 사람이 중요한 위치의 사람을 당하여 내지 못하는 형세를 이르는 말이다.

日本戰勝之國, 露國戰敗之國, 則日本何不從我素志以定之
矣? 東洋足無可合之地然耶? 小村外相, 苟且委往于數萬里
外華盛頓, 和約結定之時, 樺太島半部, 入于罰款之事, 容或
無怪.

일본은 전쟁에서 승리한 나라이고 러시아는 전쟁에서 패배한
나라인데, 일본은 어찌하여 자신들의 평소 뜻을 따라서 그것을
결정하지 못했는가? 동양에 알맞은 지역이 없어서 그러한 것인
가? 고무라小村[34] 외상外相이 구차하게 수만 리 밖 워싱턴에 찾아
가서 강화조약[35]을 결정하는 때에 가라후토樺太[36] 섬의 절반을 벌
칙조항에 편입시킨 일은 혹시 그럴 수도 있으므로 괴이한 것은
아니다.

[8a] 然至於【韓國添入于其中, 名稱優越權有之云, 可謂無據失
當者. 昔日, 馬關條約之時, 本是韓國·淸國之屬邦. 故該約
章中, 干涉必有矣.

그러나 한국을 그 안에 끼워 넣고 '우월권優越權을 갖는다'고

---

34 고무라 주타로(小村壽太郎, 1855~1911)를 말한다. 일본의 외교관이자 정치
    가로, 외무대신을 지냈다.
35 포츠머스(Portsmouth) 조약을 말한다. 이 조약은 1905년 9월에 러일전쟁을
    마무리하기 위해 미국 포츠머스에서 일본과 러시아 간에 체결되었다.
36 사할린의 일본 명칭.

이름을 붙인 것으로 말하자면 근거도 없고 이치에도 맞지 않는
처사라고 할 수 있다. 예전에 시모노세키 조약 때에 본래 한국은
청국의 종속국이었다. 그러므로 그 약속한 법 가운데에 간섭이
반드시 있었다.

然韓·露兩國間, 初無關係, 而何故挪入於該約章中乎? 日本
對於韓國, 旣有大慾, 則何不自己手段自由自行, 而如是添入
于歐羅巴白人種之約章之中, 以作永世之問題乎? 都是沒策
之事也.

　그러나 한국과 러시아 두 나라 사이에 애초에 관계가 없었는데
무슨 까닭으로 제멋대로 약속한 법에 편입시켰는가?[37] 일본은 한
국에 대하여 이미 큰 욕심이 있었다. 그렇다면 어찌 자기 수단껏
자유롭게 행동하지 못하고, 이처럼 유럽 백인종의 약속한 법 가
운데에 첨가하여 편입시켜 오랜 세월 동안의 문제를 만드는가?
도무지 대책이 없는 일이다.

且美國大統領, 已爲仲裁之主, 則若韓國處在於歐美之間, 仲
裁主必是大驚小怪, 以愛種之義, 萬無應從之理矣.

---

[37]　이 부분은 1905년 9월 5일에 조인된 포츠머스 회담 내용 중 하나인 "러시
아는 한국에 대한 일본의 지도 보호 감리조치를 승인한다"를 가리킨다.

또 미국 대통령[38]이 이미 중재자가 되었으니, 만약 한국의 처지가 유럽과 미국 사이에 놓여 있었다면 중재자는 틀림없이 크게 놀라고 조금은 괴이하게 여겼을 것이다. 그래서 같은 인종을 사랑하는 의리로서는 결코 조약에 응하여 받아줄 수 없는 이치인 것이다.[39]

---

38 미국의 26대 대통령인 시어도어 루스벨트(Theodore Roosevelt, 1858~1919)를 말한다.

39 이 부분은 러일전쟁을 마무리하기 위해 열린 포츠머스 회담에서 중재자의 역할을 자처했던 미국의 시각이 어떠한가를 여실히 보여주는 대목이다. 안중근 의사는 우리나라가 만약 유럽과 미국 사이에 위치한 같은 백인종의 처지였다면, 미국은 반드시 같은 인종을 사랑하는 의리를 발동하여 일본이 우리나라에 대한 우월권을 주장하는 일이 없게 했을 것이라고 하였다. 이 구절을 환언해보면 우리나라는 황인종이었기 때문에 미국의 관심을 받지 못하고 일본에게 주권을 빼앗기는 상황이 되고 말았다. 여러 번역을 살펴보겠다. '최순희'는 "또한, 미국 대통령이 이미 중재하는 주도자로 나서게 되었은즉, 만일에 구미 간에 위치하고 있었던들, 중재하는 사람은 필시 사태에 놀라고, 좀 괴이히 여기고 동종을 사랑하는 의리를 발동하여 응종할 리 만무했을 것이다"라고 풀이하였다. 그 밖에 '최근덕'과 '윤병석'은 "또한 미국 대통령이 이왕 중재하는 주인으로 되었는지라 곧 한국이 구미 사이에 끼어 있는 것처럼 되었으니, 중재주가 필시 크게 놀라서 조금은 괴상하게 여겼을 것이다. 같은 인종을 사랑하는 의리로서는 만에 하나라도 승복할 수 없는 이치이다"라고 풀이하였고, '이영옥'은 "또 이미 중재의 주역이 된 미국 대통령도 한국이 구미 사이에 놓인 것을 보고 분명히 몹시 놀라고 좀 괴이하다고 생각했을지라도, 같은 종족을 아끼는 의리로 일을 처리했을 리는 만무하다"라고 풀이하였고, '안평연'은 "또한 미국 대통령이 이미 중재를 맡았으니 한국이 구미의 사이에 있는 것처럼 되었으니 중재주가 필시 크게 놀라서 조금은 괴상하게 여겼을 것이다. 같은 인종을 사랑하는 의리로서는 만에 하나도 따를 수 없는 것이다"라고 풀이하였다.

且以獪猾手段, 籠絡小村外相, 但以若干海島地段, 與破
船·鐵道等殘物, 排列賠償, 而鉅額罰金全廢矣. 若此時, 日
敗露勝, 談判席開催於華盛頓, 則對於日本徵出賠償, 豈可如
此略小乎!

또 교활하고 더러운 수단으로 고무라 외상을 농락하여 단지 약
간의 해도海島 땅과 파손된 배·철도 등 가치가 없는 물건으로 배
상 목록에 나열하고 거액의 벌금은 전부 없애 버렸다. 만약 이때
일본이 패배하고 러시아가 이겨 담판하는 자리가 워싱턴에서 개
최되었다면 일본에 대해 배상을 요구한 것이 어찌 이와 같이 약
소했겠는가!

[8b] 然【則, 世事之公不公, 推此可知, 而此無他故. 昔日, 露國東
侵西伐, 行爲痛憎. 故歐美列强, 各自嚴正中立, 相不救助矣,
旣是逢敗於黃人種後, 事過結局之地, 豈無同種之誼哉! 此
人情世態, 自然之勢也.

그렇다면 세상일의 공정과 불공정은 이것을 미루어 알 수 있는
데, 이것은 다른 이유가 없었다. 예전에 러시아가 동쪽과 서쪽으
로 침략할 때 행위가 매우 가증스러웠다. 그러므로 유럽과 미국
열강은 각자 엄정하게 중립을 지키고 서로 도와주지 않았는데,
이미 황인종에게 패전을 당한 뒤이고 일이 끝나 마무리되는 처

지라 어찌 같은 인종의 우의友誼가 없었겠는가! 이것이 인정의 세태이고 자연의 형세이다.

噫! 故不顧自然之形勢, 剝害同種鄰邦者, 終爲獨夫之患, 必不免矣.

안타깝다! 그러므로 자연의 형세를 돌보지 않고 같은 인종과 이웃 나라를 착취하는 자는 끝내 독부獨夫[40]의 우환을 반드시 면치 못할 것이다.

---

40 '하늘도 버리고 백성도 버려 외롭게 된 통치자'라는 뜻인데, 『서경(書經)』 태서(泰誓)에 폭군 주(紂)를 독부로 명명하고 그의 죄악상을 나열한 내용이 나온다.

부록

「동양평화론」 필사본

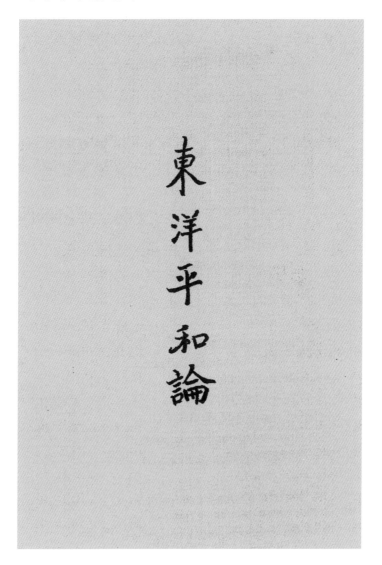

東洋平和論

故天賜一期使東海中小島日本如此強大之露國

一拳打倒於滿洲大陸之上孰就度量乎此順天

得地應人之理也當此之時若韓清兩國人民上下

一致欲報前日之仇讎排日助俄則無大捷豈能足

篡哉然而韓清兩國人民考無如此之行動不啻又

以歡迎日兵運輸沿道偵探等事忘勞專力者何故

有二大件事日露開戰之時日皇宣戰書束洋平

和由持大韓獨立肇國云如此大義勝於青天白日

之光故韓清人士勿藉愚一致同心感和服從前日

者一也況日露開伏可耦黃白人種之競爭故前日

仇讎心情一朝消散又成一大憂種豈此亦人情之

順序矣可謂合理之一也快哉壯哉數百年來行惡

東洋平和論 序

現今世界東西分球

夫合成散萬古常定之理也

人種各殊互相競爭如行茶飯研究利器甚於農商

新發明電氣砲飛行船浸水艇皆是傷人害物之機

械也訓鍊青年驅入于戰役之場無數貴重生靈棄

如犧牲血川肉地無日不絕好生厭死人皆常情清

明世界是何光景言念及此骨寒心令究其末本則

自古東洋民族但務文學而謹守自邦而已都無侵

奪歐洲寸土尺地五大洲上人獸草木所共知者也

而挽近數百年以來歐洲列邦頓忘道德之心日事

武力養成競爭之心小無忌憚中俄國大極甚焉其

暴行殘害西歐東亞無處不及惡盈罪溢神人共怒

二個人智謀豈能抹殺耶現今西勢東漸之禍患東

洋人種一致團結極力防禦可為才一上策難尽童

聽知者也而何故日本如此順然之勢才不顧同

種勝邦剝割友誼頓絕句作蜂齬之勢若待異人耶

韓清兩國人之所望大絕且斷矣若政略不改逼迫

日甚則不得已寧亡於異族不忍受辱於同種議論

勇出於韓清兩國人之肺腑上下一體自為白人之

前馳明若観火之勢矣然則東家優萬黄人種中

許多有志家慷慨男兒豈肯袖手傍観坐待東洋一

局之畢死愕状可柔故東洋平和義戦開仗於咭兩

實謀者商定于旅順口後東洋平和問題意見提出

諸公眼深審案哉

白人種之先鋒一鼓大破可謂千古稀罕事業萬邦

紀念表蹟也時韓清兩國有志家不謀以同樣者不

自勝者日本政畧順序就緒東西瓜天地肇判後笑

一等魁傑之火事業快建之樣自度矣噫千々萬々

料外勝矣凱旋之後、最近最親仁弱同種韓國勒壓

定約滿洲長春以南托借貞春故世界一般人腦疑

雲忽起日本之偉大聲名正大功勤一朝變遷尤甚

於螢行之露國也嗚呼以龍虎之威勢豈作蛇猫之

行動乎如此難逢之好期會更求何得何惜可痛也

王放東西和韓國獨立之句諮已經過於天下萬

国人之耳目信如金石韓清兩国人採章於肝腦者

笑如此之文字思想雖天神之能力卒難淌滅況一

東洋平和論　目録

一千九百十年庚戌二月

大韓國人安重根書于旅順獄中

況權臣戚族擅乗國權臣民統譬上下不和故如是
逢辱者也日本維新以来民族不睦競争不息矣及
其外交競争既生之後同室操戈一朝和解混
成聯合作成一塊爰國疊故如是羡凱者矣此所謂
親切之外人不如競争之兄弟也此時露國行動記
曉哉當日東洋艦隊組織法德兩國聯合横濱海上
大抗論提出遼東半島還付於清國賠金陳滅觀其
外面的舉措可謂天下之公法正義然究其内容則
甚於豺狼之心術也不過數年敏滑手段旅順口租
借後軍港擴張鐵道建築推想事根則露人數十年
以来奉天以南大連旅順牛莊等地温港一處勤取
之慾如火如潮然莫敢下手者清國一自英法兩國

東洋平和論

安重根著

前鑑

自古及今無論東西南北之洲難測者大勢之翻覆
也不知者人心之變遷也向者(甲午)年日清戰役論
之則其時朝鮮國鼠竊輩東學黨之騷擾因緣清日
兩國動兵渡來無端開戰互相衝突日勝清敗乘勝
長驅遼東半都兵領要險旅順陷落黃海艦隊擊破
俊馬關談判開設條約締結臺灣一島割讓二億賠
金室歇此謂日本維新後一大紀蹟也清國物重地
大比於日本足可為數十倍而何故如是見敗耶自
古清國人自稱中華大國外邦謂之夷狄驕傲極甚

始兆也豈不藝歟哉此時露國軍隊十一萬株枮鉄

道保護駐屯於滿洲遠上終不撤還故俄京日本

公使栗野氏唇舌盡弊然露國政府聽若不聞不雷

反以添兵氣晚日露兩國間大慘禍終不免之論其

根固則竟何歸矣是爲東洋一大前轍也當時

日露兩圍各出師於滿洲之際露國但以西但例要態

八十萬軍備輸出日本渡海越國四五輛輻車狼狗

水陸兼進入送于遼河一帶雖有定算云然豈不慮

險哉求非萬金之策真可謂浪戰也觀其陸軍之作

路則韓國各海口與盛京金州灣等地下陸則這間

四五千里水陸之困苦不言可知也好時日兵車

有連勝之利然感鏡道猶未過旅順口始不破奉天

来侵天津以後關東各鎮新式兵器多大設備故不
敢生心但說延不息久待期会矣伊時遼中其筆也
當此時日本人具眼有志者孰不膓肚盡裂哉然究
其理由則此都是日本之過失也此所謂有孔生風
自伐以後他人伐之若日本不先侵犯于清國則露
國安敢如是行動耶可謂自斧傷足矣自此以後中
原一同各般社会言論騰故成成改要自然釀成
義和團揭起排日乍洋之禍大熾故八國聯合軍雲
集于渤海王上天津陷落北京侵入清帝播遷于
西安府軍民間傷害玉於敗百餘萬人金銀財貨之
搂害不計其數如此之慘禍世界上罕有之卻会束
泽一大羞耻不霌將来黄白人種分裂爭競不息之

可報酬而時不可失也、而謂萬國公法、嚴正中立

等說皆是挽近外交家之狡猾詭術、則不足可道、兵

不厭詐、出其不意、兵家妙算云々、官民一體、各

私出師排日之狀態、極烈慘毒、則東洋全局、百年恐

雲ヲ何ぞや或若如此之境、歐洲列強、可謂幸得ぬ樣

水陸兵馬兼進、末集于威海衛方面、快以強勁手段

会各其爭先出師矣、時英國若卯夜香港等地、而駐

清国政府交誇貨問矣、法国西貢加達馬島陸軍與

軍艦一時、揮會品於厦門等地矣、美德等澳葡希

等国戕東洋巡洋艦隊、聯合于渤海上、合同條約預

儀、均露別益希望矣、然則日本、不得不全国軍額與

俠国財政、閞夜組織後、滿韓等地、直向輸送矣、清国

尚未遑之際若韓國官民間一致同聲歎年日本人

韓國明聖皇后閔氏無故弑殺之仇豐當此可報

飛撤四方咸鏡平安兩道之間露國兵馬交通出甚

不意往來衛寔請國亦上下協同前日義和團時行

勤如一轉之旧豐不可不報北請一帶人民暴動

窺察虛實攻其無備之說提出蓋平遼陽方面遊戈

襲擊進戰退守則日兵大勢南北分裂腹背受敵困

左拢心之難免矣若到如此之境則旅順孝天等地

露國將卒銳氣騰々氣勢倍加前途後應左衝右寔

則日兵之勢力者尾不及輜重糧桐繼続之策尤極

圖涯矣然則山縣乃木氏之謀畧史作為有之懷矣

況当此之時請國政府主權者等野心暴發萬一不

此不可失機也既是舞張之勢則雖蕩盡全國之力

若一二個月間死力進攻則東援浦鹽斯德北喩兩

寅明若觀火之勢矣若然之列露國之百年大計一

朝忽作土崩瓦解之勢矣何故不此之為反以區々

密々先請媾和而不成斷草除根之策可謂歎惜之

處也況日露談判論之則既是媾和談判之地議定

天下何掌華盛頓可乎當日形勢言之美國雖曰中

立而無偏僻之心云然禽獸競爭猶有主客之勢況

人種競爭乎日本戰勝之國露國戰敗之國則日本

何不從我素志以定之矣束洋豈無可合之地然耶

小村外相苟且委往于數萬里外華盛頓和約結定

之時樺太島半部入于罰欵之事容或無怪然至於

飛檄四方滿洲與山東河南荊襄等地軍旅及義勇

兵急々召集龍戰虎鬪之勢一大風雲做出矣若如

此之勢當之則東洋之慘狀不言可想也此時韓清

兩國反不如是不肯導守約章毫髪不動那使日本

偉大功勳建立于滿洲之上由此觀之則韓清兩國

人士之開明程度與東洋平和之精神於足

可知矣然則東洋一般有志家一大思量可誠後日

世伊時日露戰役結局末判之際媾和條約成立之

前後韓清兩國有志人之許多所望大絶且斷矣豈

時日露兩國之戰勢論之則一自開伏以後大小定

鋒敵百次露兵連敗鳩心落膽望風以走日兵百戰

百勝乘勝長驅東近浦塩斯德北臨哈爾賓車勢到

則世事之公不公推此可知而此無他故昔日露國
東侵西伐行為痛憎故政美列强各自嚴正中立相
不敢助矣旣是逢敗於黄人種後事遍結局之地豈
無同種之誼哉此人情世態自然之勢也噴故不顧
自然之刑勢剝害同種鄰邦者終為獨夫之患必不
免矣

韓國添入于其中名稱優越權有之云可謂無據失

當者昔日、寫閣条約之時本是韓國淸國之屬邦故

談約章中于滿少有英然韓露而囯間加無關係而

何故揷入扵談約章中乎日本對扵韓國旣有大懲

則何不自己手段自由自行而如是添入于歐羅巴

白人種之約章之中以作永世之間題乎都是淺策

之事也旦美國大統領乙寫仲裁之主則若韓國處

在扵歐美之間仲裁主必是大警小怪以變種之義

萬無應從之理矣旦以獪猾手段籠絡小村外相但

以若于海島地段與破舩鐵道等残物排列賠償而

鉅額罰金全廢矣若此時日敗露勝談判席催扵

舉童頌則對扵日本徵出賠償豈可如此豈小乎然

感鏡道감경도

원문 "然感鏡道猶未過"(그러나 함경도를 여전히 통과하지 못했고),「東洋平
和論」 **5b12**.

뜻 咸境道(함경도)의 다른 표기로 사용되었으며, 여러 문헌에서 그 용례를
발견할 수 있다. 발음상의 유사성이 있는 것으로 보이며, 일본어에서는
'感(かん)'과 '咸(かん)'이 동일한 발음을 가지고 있다.

용례 ① "感鏡道",「朝鮮事務書 15冊」朝鮮凶年探索書, 1872. 10. 28(음).

② "「차라리 죽겟스면 장도에 마저 죽어라」하는 感鏡道속담이 생각케
되면서 퍽이나 깃벗슴니다",『삼천리』, 1931. 4. 1, 62쪽.

③ "어느고장 말보다도, 여기엔 感鏡道사두리가 매우 적절했다고 생각
합니다".『삼천리』, 1940. 9. 1, 351쪽.

感和감화

원문 "一致同心感和服從者一也"(한마음으로 감화되고 따랐던 것이 하나의
이유이다),「東洋平和論」 **1b9**.

뜻 感化(감화)와 동의어로 사용됨.

용례 "實業과 敎育이 急務됨을 激切히 說明ᄒ야 朦昧ᄒᆫ 人心을 感和케 ᄒᄂ
故로",『畿湖興學會月報』7호, 1909. 2. 25, 39면.

毆洲구주

📖 ① "都無侵奪毆洲寸土尺地"(유럽의 한 치의 흙과 한 자의 땅도 전혀 침 범하여 빼앗은 적이 없었으니), 「東洋平和論」 **1a9**.

② "故毆美列強各自嚴正中立"(그러므로 유럽의 여러 나라들은 각자 엄 정히 중립을 지키고), 「東洋平和論」 **8b2**.

뜻 유럽을 의미한다. 당시 일반적으로 사용된 '歐洲(구주)'와 동의어다.

용례 "論說:獨內閣辭職과 毆洲政界", 『中外日報』, 1926. 12. 22, 1면 1단.

東洋巡洋艦隊동양순양함대

📖 "美德義澳葡希等國. 東洋巡洋艦隊."(미국·독일·벨기에·오스트리아·포 르투갈·그리스 등의 동양순양함대), 「東洋平和論」 **6b10**.

뜻 태평양 지역에서 활동하던 구미열강들의 순양함대. 위 문장에서는 당 시 동양순양함대를 보유하고 있던 국가명인 한문음역어의 앞 글자만 을 따서 나라들을 열거하고 있다. "美"는 美國(미국), "德"은 德意志(독 일), "義"는 義大利(이탈리아), "澳"는 澳地利(오스트리아), "葡"는 葡萄 牙(포르투갈), "希"는 希臘(그리스)를 의미한다. 이탈리아는 伊太利亞의 앞글자를 따서 "伊"로 표기되기도 하였다(용례 참조).

용례 "列國東洋艦隊의 勢力이라 目下英佛露獨伊美六强國이 東洋에 孤遣ㅎ이 艦隊勢力을 視察홈 日淸戰爭前後에 比較가 左와 如ㅎ다.", 『대조선독립 협회회보』 제2호, 1896. 12. 15.

飛行船비행선

📖 "新發明電氣砲飛行船浸水艇"(전기포·비행선·침수정을 새롭게 발명하 니), 「東洋平和論」 **1a4**.

뜻 헬륨이나 수소 등의 가스를 이용하여 공중에 떠서 날아다니는 항공기. 1차 세계대전 당시 비행선에서 폭탄을 투하하는 폭격기로 사용되었다.

용례 ① "最大空氣船輸英 … 獨逸의 최대『세팔린』飛行船", 『東亞日報』, 1920.
7. 11, 2면 1단.

② "最大飛行船燒失", 『東亞日報』, 1921. 9. 3, 2면 5단.

俄國아국

원문 "中俄國尤極甚焉"(이 중에서도 러시아가 가장 심하였으니), 「東洋平和
論」 **1a11**.

뜻 러시아를 의미한다. "俄國"은 '俄羅斯國'(아라사국)의 축약형이다. '俄羅
斯'는 원대 이후 몽골들이 러시아를 지칭하던 용어인 'Oros'의 음역
이다.

용례 "歐羅巴洲에는 英國(英吉利) 佛蘭西(法國) 日耳曼(一名 德國 一名 獨逸)
墺地利匈牙利義太利荷蘭白耳義(一名 比國 卽 比利時) 馬利路丁抹安道羅
葡萄牙瑞西諾威西班牙士耳基希臘瑞典樓禰尼亞俄國(露西亞 一云 俄羅
斯) 西比亞 等國이니", 『대한협회회보』 제5호, 1908. 8. 25.

電氣砲전기포

원문 "新發明電氣砲飛行船浸水艇"(전기포·비행선·침수정을 새롭게 발명하
니), 「東洋平和論」 **1a4**.

뜻 1차 대전 당시에 발명된 신무기로, 전파(電波)나 복사선(輻射線)을 이
용해 무선으로 조종되는 포(砲)를 의미한다.

용례 ① "人類相互의 脅威 未來의 科學兵器 無線操縱 電氣砲 殺人光線 電氣耳
… 大戰末期에 잇서서는 無線操縱 電氣砲 殺人光線等의 電氣兵器가 發
生되려하다가 戰爭이 終熄되자 그만 實戰에 使用되지 못하고잇거니와
今後 제일 무서운 것은 아마도 이 電氣兵器일것이다. 電氣兵器에서 우
선 첫 손가락에 꼽을 것은 無線操縱이다. 이것은 電波나 輻射線을 가지
고 戰地의 後方에서 탕크, 船舶, 飛行機等을 任意로 操縱하야 一兵의 損

傷도 업시 敵軍을 擊破하는 것이다.",『東亞日報』, 1933. 1. 1, 2면 5단.

② "電氣砲調練實施, 防毒『마스크』七千個購入, 蔣介石米新武器多數注文",『朝鮮中央日報』, 1933. 4. 5, 1면 8단.

點居점거

원문 "滿洲長春以南托借點居"(그리고 만주(滿洲)의 장춘(長春) 이남을 조차(租借)의 핑계로 차지해버렸다),「東洋平和論」**2a6**.

뜻 占居(점거)와 동의어로 사용됨.

용례 "원악 교통불편한 오지에서 이곳에 멧사람 저곳에 멧사람式 點居農耕에 종사하고 잇는 朝鮮人에게는 도저히 그다지 신속하게 구원의 손길이 뻐칠 가망이 업는 것이다",『삼천리』, 1933. 1. 1.

點領점령

원문 "遼東半部點領"(요동의 절반을 점령하고),「東洋平和論」**4a8**.

뜻 占領(점령)과 동의어로 사용됨.

용례 ① "現在中共軍은 河北省의 三分之二以上과 山西省의 거이 全部를 包含하야 그 地域의 過半을 点領하고있다",『南朝鮮民報』, 1948. 10. 8, 1면 7단.

② UN軍이 새로히 두個의 高地를 点領함으로말미암아 戰鬪는 熾烈히 繼續되고있다",『馬山日報』, 1951. 9. 4, 1면 6단.

浸水艇침수정

원문 "新發明電氣砲飛行船浸水艇"(전기포·비행선·침수정을 새롭게 발명하니),「東洋平和論」**1a4**.

뜻 오늘날 잠수함을 의미한다. 20세기 초에는 潛水艇(잠수정) 또는 潛航艇(잠항정)이라는 용어가 주로 사용되었다(예: "줌슈뎡 潛水艇, 줌항뎡 潛航艇", 언더우드,『英鮮字典』, 1925, 표제어 Submarine).

참고문헌

1차 자료

安重根, 安應七歷史(안의사 옥중 자서전 필사본), 일본 국립국회도서관 七條淸美關係文書 소장.

安重根, 安重根自敍傳(안응칠 역사의 일역 등사본), 일본 국제한국연구원 최서면 소장.

安重根, 東洋平和論(안의사 옥중 미완성의 동양평화론의 필사본), 일본 국립국회도서관 七條淸美關係文書 소장.

安重根 遺墨, 「百忍堂中有泰和」 등 보물 제569 : 1-24호, 안중근의사기념관 등 소장.

安重根 遺墨, 「山刀水慘雲難息」 등 30폭 韓中日 개인 및 공공기관 소장.

安重根 血書 및 親筆, 「大韓獨立」 「丈夫歌」 등 5점 사진본 전래.

葉天倪, 安重根傳(중국어 전기).

鄭沆, 安重根(중국어 전기).

全光洙, 安重根傳略(중국어 전기).

楊昭全, 朝鮮 愛國志士 安重根(중국어 전기).

2차 자료 : 단행본 (출판 연대순)

고마쓰 미도리(小松綠) 편집, **1929**, 『伊藤公全集 第2卷』, 株式會社昭和出版社.

김춘광, **1946**, (戲曲) 安重根 史記, 三中堂/靑春劇場.

박성강, 1946, 獨立運動先驅 安重根先生公判記, 京鄕雜誌社.

백민, 1946, 애국열사와 의사전, 백민문화사.

안중근, 1946, (獨立運動先驅) 安重根先生公判記, 京鄕雜誌社.

김춘광, 1947, 安重根史記, 韓興出版史.

이전, 1949, 安重根血鬪記, 一名, 義彈의 凱歌, 延泉中學校期成會.

전창근, 1959, 高宗皇帝와 義士 安重根, 영문사

최금동, 1960, (義士)安重根, 聯邦映畵.

편집부, 1962, 안중근 (세계위인문고 52권), 학원사.

신성국, 1963, 義士 안중근 (도마), 지평.

안학식 편저, 1963/1964, 義士安重根傳記, 해동문화사/만수사보존회(萬壽祠保存會).

안재호, 1965, 文成公 安裕, 島山 安昌浩, 義士 安重根 略傳, 安在祜 發行.

안중근의사숭모회, 1968, 민족의 얼 안중근의사 사진첩, 1968, 民音社.

栗原(日) 書, 1969, 安重根義士에 關한 書翰.

안중근, 1970, 安重根 自傳, 韓國硏究院.

안중근, 1970, 안중근 의사 자서전, 사단법인 안중근의사숭모회.

유경환, 1972, 安重根, 太極出版社.

안중근의사숭모회, 1972, 민족의 얼(안중근 의사 유묵사진첩), 민족문화협회부설 안중근의사숭모회.

유경환, 1973/1974/1975/1976/1977/1978/1979, (偉大한 韓國人 4권) 安重根, 태극.

최홍규, 1974, 안중근사건공판기, 정음사.

박경수, 1975, 민족의 영원한 횃불, 학력사.

안중근의사숭모회, 1975, 민족의 얼, 백왕사.

이선근, 1975, 韓末激動期의 主役8人, 신구문화사.

강준영, 1976, 윤봉길, 국민서관.

독립운동사편찬위원회 편저, 1976, 韓國獨立運動史, 국사편찬위원회.

편집부, 1978, 한국인물전기전집, 국민서관.

안중근의사숭모회, **1979**, 민족의 얼 안중근 의사 사진첩, 백왕사.

김태정, 1979, 이율곡, 문공사.

강위수, 1979, 안중근, 한영출판사.

계림문고 편집위원회, 1979, 하얼삔의 총성, 계림출판사.

이문욱, 1979, 민족의 얼 안중근 의사 사진첩, 안중근의사숭모회.

이은상 편저, 1979, 안중근 의사 자서전, 안중근의사숭모회.

이치카와 마사아키(市川正明), 1979, 安重根 日韓關係史, 原書房

최홍규, 1979, 安重根事件公判記, 正音社.

안중근, **1980**, 안중근, 평범사.

안중근의사숭모회, 1980, 민족의 얼, 안중근의사숭모회.

손병희, **1981**, 손병희·주시경·안중근, 삼성당.

권오석, **1982**, 안중근, 대한도서.

박승일, 1982, (조국의 독립을 위해 몸을 바친) 안중근, 윤봉길, 한림출판사.

안중근, 1982, 안중근, 예림당.

이용범, 1982, (소년소녀)한국위인전기전집, 삼성당.

유경환, **1983**, 偉大한 韓國人, 태극.

송건호, 1983, 偉大한 韓國人, 중앙서관.

유경환, 1983, 安重根, 중앙서관.

나카노 야스오(中野泰雄), **1984**, (일본의 지성이 본) 安重根, 경운.

범우오뚜기문고 편찬위원회, **1985**, 안중근, 범우사.

박종현, **1986**, (나라 잃은 원수 갚은) 안중근, 교학사.

단국대학교 퇴계기념중앙도서관, **1987**, (安重根義士研究의 殿堂) 東京韓國
    研究院, 檀國大學校 退溪紀念中央圖書館.

이호철, 1987, 안중근, 웅진출판주식회사.

신중신, **1990**, 안중근, 삼성출판사.

안중근, 1990, 안중근 의사 자서전, 안중근의사숭모회.

어효선, 1990, 안중근, 교학사.

천주교정의구현전국사제단, 1990, 안중근(도마) 의사 추모자료집, 천주교
　정의구현전국사제단.

최이권 편역, 1990, (愛國衷情) 安重根 義士, 法經出版社.

강순아, **1992**, 안중근, 윤진.

이전, 1992, 安重根 血鬪記, 〔나라문화사〕.

장석홍, 1992, 안중근의 생애와 구국운동, 독립기념관 한국독립운동사연구
　소.

편집부, 1992, 소년소녀위인전기, 금성출판사.

편집부, 1992, 안중근, 삼성당(미디어).

김희용, **1993**, 서재필·안중근·신채호, 교육문화사.

나명순, 1993, 大韓國人 安重根, 세계일보.

샤키 류조(佐木隆三), 1993, (광야의 열사) 안중근, 고려원.

안중근의사기념관, 1993, 안중근 의사 연구의 어제와 오늘, 안중근의사기념
　관.

편집부, 1993, 한국의 역사 인물편(21) 안중근과 의거활동, 금성출판사.

김성도, **1994**, 안중근, 계림문고.

김우종, 1994, 安重根, 遼寧民族出版社.

박은식, 1994, (불멸의 민족혼) 安重根, 한국일보사.

사이토 다이켄(齊藤泰彦), 1994, (숨겨진 진실) 내 마음의 안중근, 인지당.

이상현, 1994, 안중근, 삼성당(미디어).

최서면, 1994, (새로 쓴) 안중근 의사, 집문당.

한석청, 1994, 초인(超人)──大韓國人 안중근 토마스 전기소설, 한아름.

김종상, **1995**, 안중근, 견지사.

김창수 편저/국가보훈처, 1995, 海外의 韓國獨立運動史料(XIII) 日本篇(1),
　국가보훈처.

김창수 편저/국가보훈처, 1995, 海外의 韓國獨立運動史料(XIV) 日本篇(2),
　국가보훈처.

김창수 편저/국가보훈처, 1995, 海外의 韓國獨立運動史料(XV) 日本篇(3),

국가보훈처.

나카노 야스오 저/양억관 역, 1995, 동양평화의 사도 안중근, 하소.

송원희, 1995, 安重根 ── 그날 춤을 추리라, 둥지.

신용하, 1995, 안중근 유고집, 역민사.

이용우, 1995, 안중근, 바른사.

장문평, 1995, 안중근, 금성출판사.

토향회, 1995, 安重根 公判書, 土鄕會.

국가보훈처, **1996**, 21세기와 동양평화론, 국가보훈처

쓰루 케사토시(津留今朝壽) 1996, 天主敎徒 安重根, 自由國民社.

이창모, 1996, 안중근, 대우출판사.

여순순국선열기념재단, 1997, 安重根과 東洋平和, 여순순국선열기념재단.

이호철, 1997, 안중근, 웅진출판.

김우종·리동원 편, **1998**, 안중근 의사, 흑룡강조선민족출판사.

김의경, 1998, (서사극) 대한국인 안중근, 세종문화회관.

김선태, **1999**, 안중근, 중앙.

김종상, 1999, 안중근, 예림당.

독립기념관 한국독립운동사연구소, 1999, 안중근 의사 자료집, 국학자료
    원/독립기념관 한국독립운동사연구소.

독립기념관 한국독립운동사연구소, 1999, 안중근 의사 자료집, 독립기념관
    한국독립운동사연구소.

안중근의사기념관, 1999, 안중근 의사 의거 90주년 기념 학술발표회, 독립
    기념관 한국독립운동사연구소.

안중근의사기념사업회, 1999, 기록과 자료를 통해서 본 大韓國人 安重根,
    안중근의사기념사업회.

윤병석, 1999, 安重根傳記全集, 국가보훈처.

김선태, **2000**, 안중근, 래더교육.

대한독립유공자유족회, 2000, (독립투사) 안중근, 대한독립유공자유족회.

안중근, 2000, 안중근 의사 자서전, 범우사.

안중근, 2000, 安重根과 平和, 을지출판공사.

유수경, 2000, 안중근, 태서.

이기웅 편역, 2000, 안중근 전쟁, 끝나지 않았다, 열화당.

한국교회사연구소 편저, 2000, 2000년 대희년 안중근 의거 91주년 기념 심
        포지엄 '2000년 대희년과 안중근 토마스', 한국교회사연구소.

황종렬, 2000, 신앙과 민족의식이 만날 때, 분도출판사.

나카노 야스오 저/김영광 편역, **2001**, 죽은 자의 죄를 묻는다, 경운.

안중근의사숭모회, 2001, (大韓國人) 安重根, 안중근의사기념관.

송원희, 2001, (소설) 안중근──그날 춤을 추리라, 문학과의식.

박준황, 2001, 안중근(열사) '일·패전' 경고, 나라임자.

이영준 엮음, 2001, 안중근, 상서각.

아청(阿成), **2002**, 安重根擊斃伊藤博文, 新世界出版社.

이영준, 2002, 안중근, 대일.

조상호, 2002, (장편소설) 안중근 이등박문을 쏘다, 문학예술종합출판사.

한국민족운동사학회, 2002, 安重根의 抗日民族運動, 국학자료원.

한동민, 2002, 안중근, 교원.

사키 류조(佐木隆三), **2003**, 안중근과 이토 히로부미, J&C.

안영옥, 2003, 안중근, 뉴턴코리아.

안영주, 2003, 안중근, 교연아카데미.

강석하, **2004**, (대한국인) 안중근, 예림당.

강용규, 2004, 안중근, 꿈동산.

송원희, 2004, 대한국인 안중근, 조이에듀넷.

안중근의사숭모회, 2004, 大韓國人 安重根(學術研究誌), 안중근의사숭모회

이이녕, 2004, (소설로 읽는) 도마 안중근, 선미디어.

한상수, 2004, 안중근, 한국파스퇴르.

김양순, **2006**, (조국 독립을 꿈꾼 대 한국인) 안중근, 한국헤밍웨이.

金宇鐘, 2006, 安重根和哈爾濱, 黑龍江朝鮮民族出版社.

림종상, 2006, 안중근 이등박문을 쏘다, 자음과모음.

문정옥, 2006, 안중근, 기탄동화.

박용기, 2006, 안중근, 주니어랜덤.

안중근의사기념사업회, 2006, 안중근 부자의 독립운동, 안중근의사기념사
　　업회.

유병호, 2006, 安重根, 萬券出版公司.

이영호, 2006, (숭고한 영혼) 안중근, 지경사.

이정범, 2006, 항일 독립운동과 안중근, 서강BOOKS.

국가보훈처, **2007**, 2007 국외 독립운동 사적지 탐방, 광성문화.

김양순, 2007, 안중근, 훈민출판사.

송년식, 2007, 안중근, 파랑새.

안중근, 2007, 안중근 의사 자서전, 범우사.

이상현, 2007, (하얼빈의 총소리) 안중근, 영림카디널.

조정래, 2007, 안중근, 문학동네.

김경란, **2008**, 안중근, 씽크하우스.

김도형, 2008, 大韓國人 安重根 자료집, 선인.

송재진, 2008, 안중근, 효리원.

안중근, 2008, 안중근 의사 자료집, 국학자료원.

안중근의사숭모회, 2008, (대한의 영웅) 안중근 의사, 안중근의사숭모회.

구태훈, **2009**, (구태훈 교수의) 안중근 인터뷰, 재팬리서치21.

김삼웅, 2009, 안중근 평전, 시대의창.

단국대학교 동서문화교류연구소, 2009, 동아시아평화론의 현대적 조명, 단
　　국대학교 동서문화교류연구소.

독립기념관, 2009, 안중근 의거의 국제적 영향, 독립기념관 한국독립운동사
　　연구소.

박 보리스, 2009, 하얼빈 역의 보복, 채륜.

신성국, 2009, 의사 안중근(도마), 안중근의사기념사업회 재판(초판 1963).

신운용, 2009, 안중근과 한국근대사 1, 채륜.

안동일, 2009, (소설 안중근) 고독한 영웅, 동행.

안중근의사 의거·순국 100주년 기념사업 추진위원회 공동사무국, 2009, 안중근의사 하얼빈의거 100주년기념 국제학술대회, 안중근의사기념사업회.

안중근의사기념사업회 편, 2009, 안중근 연구의 기초 ─ 안중근 의거 100주년 기념연구논문집 02, 경인문화사.

안중근의사기념사업회, 2009, 안중근과 그 시대 ─ 안중근 의거 100주년 기념연구논문집 01, 경인문화사.

예술의전당, 2009, (의거·순국 100년) 安重根, 예술의전당.

예술의전당, 2009, 安重根, 우일출판사.

이수광, 2009, (대한국인) 안중근, 삼성당.

이수광, 2009, 안중근 불멸의 기억, 추수밭.

이이녕, 2009, 살아서 백년 죽어서 천년, 전인교육.

이청, 2009, 대한국인 안중근, 경덕출판사.

이태진, 2009, 이토 히로부미, 안중근을 쏘다, 아이웰콘텐츠.

진복희, 2009, 안중근, 한국퍼킨스.

한국동북아학회, 2009, 안중근의 민족사상과 하얼빈 의거의 의미, 한국동북아학회.

한아름, 2009, 영웅, 처음주니어.

화문귀, 2009, 安重根研究, 료녕민족출판사.

강석하, **2010**, (대한국인) 안중근, 예림당.

김춘광, 2010, (희곡) 안중근, 범우사.

김파, 2010, (천추의 충혼) 안중근, 백암.

김호일, 2010, (大韓國人) 安重根, 눈빛.

김호일, 2010, (大韓國人) 安重根, 안중근의사숭모회.

독립기념관 한국독립운동사연구소, 2010, 중국신문 안중근 의거 기사집, 독립기념관 한국독립운동사연구소.

독립기념관, 2010, 안중근 의사 자료집, 국학자료원.

명순구, 2010, 법의 눈으로 안중근 재판 다시 보기, 고려대학교출판부.

박도, 2010, 영웅 안중근, 눈빛.

반무충, 2010, (백년의 얼) 충혼 안중근, 백암.

소원회, 2010, (제16회 소원회전) 安重根義士, 김구재단.

안중근, 2010, 영원히 타오르는 불꽃, 지식산업사.

안중근의사기념관건립위원회, 2010, 안중근의사기념관건립사, 안중근의사
　　기념관건립위원회

안중근의사기념사업회, 2010, 안중근 연구의 성과와 과제 ─ 안중근 의거
　　100주년 기념연구논문집 03, 경인문화사.

안중근의사기념사업회, 2010, 안중근과 동양평화론 ─ 안중근 의거 100주
　　년 기념연구논문집 04, 경인문화사.

안중근평화연구원, 2010/2014, 안중근 자료집 02 러시아 관헌 취조문서, 채
　　륜.

안중근평화연구원, 2010/2014, 안중근 자료집 03 안중근 신문기록, 채륜.

안중근평화연구원, 2010/2014, 안중근 자료집 04 우덕순·조도선·유동하
　　신문기록, 채륜.

안중근평화연구원, 2010/2014, 안중근 자료집 05 안중근·우덕순·조도
　　선·유동하 등 공술기록, 채륜.

안중근평화연구원, 2010/2014, 안중근 자료집 06 안중근 가족·친우 등 신
　　문·취조·청취기록, 채륜.

안중근평화연구원, 2010/2014, 안중근 자료집 09 안중근·우덕순·조도
　　선·유동하 공판기록-공판시말서, 채륜.

안중근평화연구원, 2010/2014, 안중근 자료집 10 안중근·우덕순·조도
　　선·유동하 공판기록-안중근사건 공판속기록, 채륜.

안중근평화연구원, 2010/2014, 안중근 자료집 11 한국인 집필 안중근 전기
　　I, 채륜.

안중근평화연구원, 2010/2014, 안중근 자료집 12 한국인 집필 안중근 전기
　　II, 채륜.

안중근평화연구원, 2010/2014, 안중근 자료집 15 재만 일본 신문 중 안중
　　근 기사 I-만주일일신문, 채륜.

안중근평화연구원, 2010/2014, 안중근 자료집 16 재만 일본 신문 중 안중근 기사 II-만주일일신문, 채륜.

예술의 전당, 2010, (순국 100년) 安重根, 예술의전당.

원재훈, 2010, 안중근 하얼빈의 11일, 사계절.

이문열, 2010, (만화) 불멸, 아이세움코믹스(대한교과서).

이문열, 2010, 불멸, 민음사.

이준희, 2010, 평화를 위해 쏘다 안중근, 자음과모음.

정석호, 2010, (대한국인) 안중근, 학산문화사.

조광, 2010, 안중근 연구의 성과와 과제, 채륜.

황병훈, 2010, (100년 만에 드러난 새 얼굴) 안중근을 보다, 해피스토리.

황종렬, 2010, 안중근 토마스의 하느님-세계-인간 이해, 두물머리미디어.

강효숙 역, **2011/2015**, 일본신문 안중근 의거 기사집, 독립기념관 한국독립운동사연구소/휴먼컬처아리랑.

다카하시 고준(高橋公純), 2011, (大韓國人) 安重根의 遺筆에서 배우다, 에코브리드.

박은식, 2011, (1세기 만에 보는 희귀한) 안중근 전기, 국학자료원.

안중근, 2011, 안중근 의사의 삶과 나라사랑 이야기, 안중근의사숭모회.

우노 테이오(うのていお) 역, 2011, 安重根 ——仁の人, 義の人, 信の人, 愛知宗教者九条の会.

윤병석 편역, 2011, 안중근 문집(한국독립운동사 자료총서 제28집), 한국독립운동사연구소.

윤병석, 2011, 안중근 연구, 국학자료원.

정경환, 2011, 한국정치사상가 연구 ——안중근에서 한용운까지, 이경.

統一日報社, 2011, (圖錄·評傳) 安重根, 日本評論社.

황재문, 2011, 안중근 평전, 한겨레.

방영훈, **2012**, 디지털 시대의 청소년을 위한 인물읽기, 그림책.

신운용, 2012, (동양 평화를 외친 우리의 영웅) 안중근, 지경사.

안중근, 2012, 안중근 의사 자서전, 내일이비즈.

이정범, 2012, 왜 안중근은 이토 히로부미를 죽였을까?, 자음과모음.

이태진, 2012, 이토 히로부미, 안중근을 쏘다, 내일이비즈.

이태진, 2012, 이토히로부미, 안중근을 쏘다, 한솔씨앤엠.

박정태, **2013**, (민족정기를 드높인 대한국인) 안중근 리더십, BookStar.

박환, 2013, (민족의 영웅, 시대의 빛) 安重根, 선인.

신운용, 2013, 안중근과 한국근대사 2, 채륜.

안학식 편저, 2013, 義士安重根傳記, 韓國學資科院〔1963 만수사보존회 재판〕.

오카와 류호(大川隆法), 2013, 安重根は韓国の英雄か、それとも悪魔か, 幸福の科学出版.

한국학자료원, 2013, 의사 안중근 전기, 인문사.

허훈, 2013, 안중근·이상·남인수·황우석·김연아, 솔과학.

황종열, 2013, 안중근 토마스, 대구가톨릭대학교출판부.

김정현, **2014**, 안중근, 아베를 쏘다, 열림원.

신용구, 2014, (소설 안중근) 대의, 이른아침

안경순, 2014, 안중근, 예림당.

안중근, 2014, 안중근 의사 자서전, 범우사〔재발간〕.

안천, 2014, 김구 재평가와 안중근, 교육과학사.

안태근, 2014, 안중근 의사의 유해를 찾아라!, 스토리하우스.

이청리, 2014, 안중근, 이룸신서.

이해상, 2014, 효창원 7위선열과 의열사 제전, 효창원7위선열기념사업회.

정현기, 2014, 한국인 집필 안중근 전기, 채륜.

판마오중(潘茂忠)·김월배, 2014, 안중근은 애국 — 역사는 흐른다, 한국문화사.

한국문화편집국, 2014, 안중근, OPMS.

김월배, **2015**, (광복 70주년) 뤼순의 안중근 의사 유해발굴 간양록, 청동거울.

김정현, 2015, 안중근, 아베를 쏘다, 교보문고.

김흥식, 2015, 안중근 재판정 참관기, 서해문집.

박삼중, 2015, 코레아 우라, 소담출판사.

안중근뼈대찾기사업회, 2015, 돌아오지 못하는 安重根, 차이나하우스.

올린피플스토리, 2015, 자랑스런 안중근 의사 이야기, 올린피플스토리.

이영현, 2015, 통일을 이룬 안중근의 피, 하우넥스트.

정현기, 2015, 안중근과 이등박문 현상, 채륜.

황보명, 2015, 울림 안중근을 만나다, 대한민국역사박물관.

김흥식, **2016**, 안중근 재판정 참관기, 서해문집.

리룡득, 2016, 민족영웅의 설화와 민요, 역락.

성재경, 2016, 독립삼남매 안중근, 여름.

안경순, 2016, Why? people 안중근, 예림당.

안중근, 2016, 안중근 전기 ― 안응칠 역사 / 동양평화론 / 안중근의 유서 〔전자자료〕, 씨익북스.

안중근평화연구원, 2016, 안중근 자료집 01 안중근 유고 ― 안응칠 역사·동양평화론·기서, 채륜.

안중근평화연구원, 2016, 안중근 자료집 07 재하얼빈 한인 신문기록, 채륜.

안중근평화연구원, 2016, 안중근 자료집 08 일본인 신문·청취기록, 채륜.

안중근평화연구원, 2016, 안중근 자료집 13 한국인 집필 안중근 전기 III, 채륜.

안중근평화연구원, 2016, 안중근 자료집 17 일본 신문 중 안중근 기사 I ― 도쿄 아사히신문, 채륜.

안중근평화연구원, 2016, 안중근 자료집 25 중국인 집필 안중근 소설 I ― 영웅의 눈물, 채륜.

안중근평화연구원, 2016, 안중근 자료집 26 중국인 집필 안중근 소설 II ― 영웅의 눈물, 채륜.

월간 저널 『영웅』 편집부, 2016, 살아있는 영웅 안중근, 꼬레아우라.

이재승, 2016, 안중근, 시공주니어.

이창호, 2016, 안중근 평전, 벗나래.

정우택, 2016, 柳麟錫과 安重根의 독립운동, 한글.

김영진, **2017**, 이토 히로부미와 안중근, 모든북.

김진, 2017, 젊은이들이여 하얼빈의 영웅 안중근처럼 살아라, 지성문화사.

노중평, 2017, 안중근 콤플렉스 힐링, 휴먼컬처아리랑.

대구가톨릭대학교, 2017, 도마 안중근, 선인.

문영숙, 2017, 안중근의 마지막 유언, 서울셀렉션.

안중근평화연구원, 2017, 안중근 자료집 18 일본 신문 중 안중근 기사 II – 도쿄 아사히신문, 채륜.

안중근평화연구원, 2017, 안중근 자료집 19 일본 신문 중 안중근 기사 III – 도쿄 아사히신문, 채륜.

안중근평화연구원, 2017, 안중근 자료집 20 일본 신문 중 안중근 기사 IV – 도쿄 아사히신문, 채륜.

안중근평화연구원, 2017, 안중근 자료집 21 재한 일본 신문 중 안중근 기사 I – 조선신문, 채륜.

안중근평화연구원, 2017, 안중근 자료집 22 재한 일본 신문 중 안중근 기사 II – 조선신문, 채륜.

안중근평화연구원, 2017, 안중근 자료집 23 재한 일본 신문 중 안중근 기사 III – 조선신문, 채륜.

안중근평화연구원, 2017, 안중근 자료집 24 국내 신문 중 안중근 기사 I – 황성신문, 채륜.

안중근평화연구원, 2017, 안중근 자료집 27 국내 신문 중 안중근 기사 II – 대한매일신보, 채륜.

안중근평화연구원, 2017, 안중근 자료집 29 국외 한인 발행 신문 중 안중근 기사 I – 신한민보, 채륜.

정운현, 2017, 안중근家 사람들, 역사인.

구로카와 소, **2018**, 암살 —안중근과 이토 히로부미, 그리고 사회주의자, 소명출판.

김연정, 2018, 안중근과 데이트하러 떠난 길 위에서, 매직하우스.

이영옥 편역, 2018, 안중근의 동양평화론, 서울셀렉션(주).

정현기, 2018, 세 명의 한국사람 ── 안중근·윤동주·박경리, 채륜.

최전선, 2018, 동포에게 고함 ─ 안중근 유묵집, 북펀.

이기웅 편역, **2019**, 안중근 옥중 자서전 ── 安應七歷史·東洋平和論·寄書, 열화당.

2차 자료: 학위 논문

김갑득, 1975, 安重根에 關한 一硏究, 梨花女子大學校 敎育大學院〔석사〕.

신운용, 1993, 安重根의 生涯와 思想에 대한 一考, 한국외국어대학교 대학원〔석사〕.

백기인, 1994, 安重根硏究, 韓國精神文化硏究院〔석사〕.

오태효, 1995, 安重根의 敎育思想 硏究, 中央大學校大學院〔석사〕.

이중기, 1998, 信仰人 安重根과 그의 義擧에 대한 敎會의 理解, 부산가톨릭대학 대학원〔석사〕.

노형호, 2001, 안중근 토마스의 砲殺에 대한 윤리신학적 고찰 ── 신앙과 민족의식의 통합 측면에서, 仁川가톨릭大學校 大學院〔석사〕.

이득규, 2004, 안중근에 대한 한국천주교회의 반응을 통해 바라본 교회의 국가와의 관계 반성 ──'기억과 화해'를 중심으로, 대전가톨릭대학교 대학원〔석사〕.

진병섭, 2004, 한국 그리스도인 안중근의 이토 히로부미 저격에 관한 倫理神學的 考察, 광주가톨릭대학교 대학원〔석사〕.

시노하라 도모코(篠原智子), 2005,「日本における安重根」考察 ──安重根支持言說とその背景について(「일본에 있어서의 안중근」고찰 ──안중근 지지 언설과 그 배경에 대해서), 忠南大學校 大學院〔박사〕.

최영제, 2006, 안중근 의사의 동양평화사상 一考 ──동양평화론과 이의 교육적 접목을 중심으로, 서울교육대학교 교육대학원〔석사〕.

한규영, 2006, 안중근의 평화사상 연구, 공주대학교 교육대학원〔석사〕.

신운용, 2007, 안중근의 민족운동 연구, 한국외국어대학교 대학원〔박사〕.

하정호, 2008, 안중근의 천주교 신앙 연구, 가톨릭대학교 신학대학원〔석사〕.

오연미, 2009, 역사수업에서의 역사영화 활용의 일례 ──「도마 안중근」을 중심으로, 단국대학교〔석사〕.

박강희, 2010, 安重根 義士의 書風 硏究, 원광대학교 일반대학원〔석사〕.

김려은, 2011, 안중근의 '동양평화론'을 활용한 평화교육 프로그램 개발, 서울교육대학교 교육대학원〔석사〕.

박경화, 2011, 창작판소리 박동실 명창의 안중근 '의사가' 연구, 동국대학교〔석사〕.

안미영, 2011, 안중근 토마스의 영성, 가톨릭대학교 문화영성대학원〔석사〕.

오도열, 2011, 安重根 書藝의 儒家美學的 硏究, 성균관대학교 유학대학원〔석사〕.

권상균, 2013, 안중근에 대한 주변 국가들의 이해 ─ 일본인들의 평가를 중심으로, 광주가톨릭대학교 대학원〔석사〕.

오도열, 2015, 안중근의 義理精神에 관한 硏究, 성균관대학교 유학대학원〔박사〕.

정은지, 2015, 안중근의사기념관 체험학습 효과, 서울시립대학교〔석사〕.

최병영, 2015, 안중근 평화프로세스의 모형정립과 적용에 관한 연구 ─ 동북아 평화와 한반도 통일문제를 중심으로, 공주대학교 대학원〔박사〕.

전예린, 2017, 초등사회교과서의 안중근 서술내용 분석 ─ 동아시아 공동체 의식과 관련하여, 서울교육대학교 교육전문대학원〔석사〕.

한지은, 2017, Reinterpreting An Chunggŭn's armed resistance and pacifism, Graduate School, Yonsei University〔박사〕.

백동수, 2018, 안중근의 유묵을 통해서 본 그의 천명살이, 대구가톨릭대학교 대학원〔석사〕.

하순이, 2018, 정진업 서사시 「인간 안중근」 연구, 경남대학교 대학원〔석사〕.

최명준, 2019, 이성근 창작판소리 연구 ─ 열사가의 사설과 음악적 내용을 중심으로, 중앙대학교 국악교육대학원〔석사〕.

2차 자료: 국내 학술지 및 간행물

김성식, **1969**, 한국 학생운동의 사상적 배경, 아세아연구, 12(1), 1-24.

조동걸, 1969, 安重根義士 裁判記錄上의 人物 金斗星 考, 論文集/7, 29-41, 春川敎育大學.

박은식, **1972**, 安重根傳, 나라사랑(8), 190-194.

이현종·최상용·김규수·정세현·남시욱·이병주·최홍규, 1974, [특집] 한국과 일본 그 역사 속의 갈등 — 한민족사단절의 책임과 극복, 일본 천황제의 변화와 그 연속성, 대남북 등거리정책과 강국주의, 한국과 일본. 그 민족 감정의 흐름, 일본=우호선린이냐. 간섭침해냐, 한·일 양국의 젊은 세대에게, 자료: 안중근 사건 공판속기록, 北韓 (32), 40-120, 북한연구소.

편집부, 1972, 안중근 의사의 어머니 조마리아 여사, 새가정, 62-63.

김기동, **1979**, 자기답게 살자, 나라사랑(34), 14-15.

김훈순, 1979, 舊韓末 五大紙 硏究, 저널리즘연구(9), 97-163, 이화여자대학교 언론·홍보·영상학부.

안중근, 1979, 동양평화론, 倫理硏究8(1), 143-158, 한국국민윤리학회.

안중근, 1979, 두 아우에 대한 신문 조서, 나라사랑(34), 151-157.

안중근, 1979, 안응칠 역사, 나라사랑(34), 70-131.

안중근, 1979, 안중근 의사의 옥중 서한, 나라사랑(34), 141-144.

안중근, 1979, 안중근 의사의 최후 진술, 나라사랑(34), 145-150.

안중근, 최순희, 1979, 동양평화론, 나라사랑(34), 132-140.

외솔회 편집부, 1979, 안중근 의사 특집 화보, 나라사랑(34), 7-10.

외솔회 편집부, 1979, 안중근 의사 해적이, 나라사랑(34), 16-19.

이강훈, 1979, 안중근 의사와 독립운동, 나라사랑(34), 34-50.

이현종, 1979, 살신보국으로 광복 운동한 안중근, 나라사랑(34), 20-33.

최근덕, 1979, 동양평화론 연재, 동아일보, 1979. 9. 19-24.

최서면, 1979, 안중근 자전고(自傳攷), 나라사랑(34), 51-68.

이경선, **1985**, 朴殷植의 歷史·傳記小說, 동아시아 문화연구/8, 321-341, 漢陽大學校 韓國學硏究所.

이청, 1985, 安重根 義士의 義擧, 군사(11), 189-213, 국방부 군사편찬연구소.

신용하, **1986**, 洪範圖 義兵部隊의 抗日武裝鬪爭, 한국민족운동사연구/1, 33-
　　73, 한국민족운동사학회.

편집부, 1986, 〔事件日誌 ①〕 安重根사건, 사법행정, 27(2), 47-47.

최원식, **1987**, 안중근의 동지 우덕순, 한국인/6(6), 108-112, 사회발전연구
　　소.

편집부, **1988**, 〔아트뉴스〕 홍익대 박물관 미술품 도난 ── 안중근 의사 유묵
　　등 39점 도난, 미술세계, 26-26.

김재순, **1989**, 安重根 義士의 참뜻, 월간 샘터, 20(12), 64-65.

서수용, **1990**, 東山 柳寅植의 歷史認識과 詩, 安東漢文學硏究/1, 203-225,
　　안동대학교.

임정옥, **1991**, 秋岡 金祉燮 열사, 安東史硏究/4(1), 34-36, 안동대학 안동사
　　연구회.

조광, 1991, 〔신앙 유산, 새 생명에의 초대〕 신앙심과 애국심의 어우름 ── 안
　　중근 의사 자서전, 경향잡지, 83(10), 89-92.

박태균, **1992**, 민족운동에 몸 바친 비운의 안중근 일가, 월간 말(77), 80-
　　85.

유영대, 1992, 창작판소리 「열사가」에 대하여, 판소리연구 3권, 370-372,
　　판소리학회.

편집부, 1992, 열사가(1. 이준 열사가; 2. 안중근 열사가; 3. 윤봉길 열사가;
　　4. 유관순 열사가), 판소리연구 3권, 351-369, 판소리학회.

허창성, 1992, 하얼삔에서 본 안중근 의사, 한국논단/29(1), 122-123, 한국
　　논단.

오성환, **1993**, 臨政 제작 安重根의사 胸像 및 朝鮮光復軍設立記念碑의 환국,
　　현대사연구(2), 270-277.

오영진, 1993, 石川啄木文學에 나타난 韓國觀 ── 安重根을 노래한 詩를 中心
　　으로, 일본학/13, 77-119, 동국대학교 일본학연구소.

이원태, 1993, 교양 / 「8월의 인물」── 위대한 한국인 안중근 의사, 地方行政
　　/42(478), 125-131, 대한지방행정공제회.

홍순호, 1993, 安重根의 國際思想과 『東洋平和論』, 社會科學論集/13, 311-
　　332, 梨花女子大學校 法政大學.

김성태, **1994**, 「안중근의 가톨릭 신앙」에 대한 논평, 敎會史硏究(9), 31-35, 한국교회사연구소.

김진소, 1994, 「安重根의 義擧와 敎會의 反應」에 대한 논평, 敎會史硏究(9), 120-123, 한국교회사연구소.

노길명, 1994, 安重根의 가톨릭 信仰, 敎會史硏究(9), 5-30, 한국교회사연구소.

오경환, 1994, 안중근과 인천천주교 초대주임 빌렘 신부, 황해문화/2, 162-183, 새얼문화재단.

윤경노, 1994, 「安重根의 愛國啓蒙運動과 獨立戰爭」에 대한 논평, 敎會史硏究(9), 94-96, 한국교회사연구소.

조광, 1994, 安重根의 愛國啓蒙運動과 獨立戰爭, 敎會史硏究(9), 65-93, 한국교회사연구소.

최기영, 1994, 「安重根의 東洋平和論」에 대한 논평, 敎會史硏究(9), 61-64, 한국교회사연구소.

최석우, 1994, 安重根 義士 特輯을 刊行하며(간행사), 敎會史硏究(9), 3-4, 한국교회사연구소.

최석우, 1994, 安重根의 義擧와 敎會의 反應, 敎會史硏究(9), 97-119, 한국교회사연구소.

편집부, 1994, 안중근 기념 학술 심포지엄 토론 내용 녹음 자료, 敎會史硏究(9), 125-133, 한국교회사연구소.

편집부, 1994, 安重根 年譜, 敎會史硏究(9), 135-173, 한국교회사연구소.

편집부, 1994, 安重根義士 家系略譜, 敎會史硏究(9), 134, 한국교회사연구소.

홍순호, 1994, 安重根의 『東洋平和論』, 敎會史硏究(9), 37-60, 한국교회사연구소.

편집부, **1995**, 〔역사 속의 교회〕 겨레 사랑과 믿음이 일치한 안중근 의사, 경향잡지87(1), 16-16.

김지영, **1996**, 안중근 살인자. 이등박문은 인격자, 월간 말(117), 76-81.

大庭祺一郞, 1996, 憂國の革命義士·安重根の見果てぬ夢(우국의 혁명의사 안중근의 이루지 못한 꿈), 日本學報(3), 19-81, 경상대학교 일본문화연구소.

유한철, 1996, 〔연구논문〕柳麟錫의 연해주 망명과 국권회복운동의 전개 — 망명 초기를 중심으로, 한국근현대사연구(4), 132-169.

이정은, 1996, 崔才亨의 生涯와 獨立運動, 한국독립운동사연구/10, 291-319, 독립기념관 한국독립운동사연구소.

김남식, **1998**, 〔심층분석〕북한영화 방영의 문제점을 해부한다 — '안중근 이등박문을 쏘다'를 보고, 北韓(322), 113-120, 북한연구소.

김형찬, 1998, 용두사미가 된『안중근 이등박문을 쏘다』, 한국논단/110(1), 232-234, 한국논단.

김호일, 1998, 舊韓末 安重根의 '東洋平和論' 硏究, 중앙사론/10-11, 145-170, 한국중앙사학회.

배봉한, 1998, 〔우리본당 이런 활동〕미래를 보면 희망이 있다 — 청주교구 대소성당 안중근 축구단, 경향잡지, 90(10), 12-15.

송원희, 1998, 토막 이야기 2 — 안중근, 그는 누구인가, 갈라진 시대의 기쁜 소식(326), 22-24, 우리신학연구소.

신성국, 1998, 〔함께 나누는 이야기〕난국을 헤쳐 갈 초인 — 통일 한국인상 안중근, 갈라진 시대의 기쁜소식(364), 12-13, 우리신학연구소.

신성국, 1998, 〔함께 나누는 이야기〕내 가슴속의 인물 — 안중근 토마를 생각하며, 갈라진 시대의 기쁜소식(360), 12-13, 우리신학연구소.

신성국, 1998, 〔함께 나누는 이야기〕안중근 그 고난의 여정 — 한 토막 이야기, 갈라진 시대의 기쁜소식(362), 12-13, 우리신학연구소.

신성국, 1998, 〔함께 나누는 이야기〕안중근 토마스의 교회 사랑, 그리고 조국 사랑, 갈라진 시대의 기쁜소식(361), 12-13, 우리신학연구소.

아베 카즈미(安部和美), 1998, 1910年の石川啄木, 日本硏究/13, 109-131, 한국외국어대학교 일본연구소.

윤병석, 1998, 〔자료〕1. 檀仙,「만고의사 안즁근젼」, 한국근현대사연구/9, 325-344, 한국근현대사학회.

윤병석, 1998, 〔자료〕2. 哀仙子 洪宗杓,『大東偉人安重根傳』, 한국근현대사연구/9, 345-353, 한국근현대사학회.

윤병석, 1998, 安重根 의사 傳記의 종합적 검토, 한국근현대사연구/9, 104-144, 한국근현대사학회.

이기봉, 1998, SBS-TV의 무지몽매한 '김일성은 안중근의 스승'이라는 메시지를 아는가?, 한국논단/110(1), 38-48, 한국논단.

정진홍, 1997, 〔이 시대의 징표〕 안중근 의사가 성인이 되면, 경향잡지 89(9), 24-26.

편집부, 1998, 〔신앙인의 숨결〕 안중근 의사의 '옥중 유묵', 경향잡지, 90(4), 49-49.

한상봉, 1998, 〔역사 속의 교회〕 천국에서도 대한 독립을 외친 안중근, 경향잡지, 90(8), 101-106.

토시로 나카오(中尾敏郞), **1999**, 안중근과 이등박문을 통하여 배우는 국제협조의 마음──"동양평화를 위하여"의 구상, 敎育硏究論叢/23(2), 145-163, 충북대학교 교육개발연구소.

이재석, 1999, 문명사적 관점에서 본 안중근 의사의 의거, 大韓政治學會報/7(2), 27-45, 대한정치학회.

아베 카즈미(安部和美), 1999, 1910年の石川啄木─「九月の夜不平」を中心にして, 日本硏究/13, 109-131, 한국외국어대학교 일본연구소.

정영희, 1999, 舊韓末 安重根의 國權守護運動, 인문학연구/4, 73-94, 인천대학교 인문학연구소.

신성국, 1999, 쇄신을 위한 한 마디──안중근 의사 순국 89주기를 기리며, 갈라진 시대의 기쁜소식(382), 2-3, 우리신학연구소.

강영옥, **2000**, 〔종마루〕 신앙인 안중근, 토마스, 경향잡지, 92(3), 94-97.

김재승, 2000, 安重根 義士의 遺墨, 역사와실학/14, 829-851, 역사실학회.

김정은·홍기현, 2000, '민족주의' 광고의 기호학적 분석, 服飾文化硏究/8(6), 949-963, 복식문화학회.

김흥수, 2000, 안중근의 생애와 동양평화론, 論文集/46, 85-111, 공군사관학교.

윤병석, 2000, 安重根의 沿海州 義兵運動과 同義斷指會, 한국독립운동사연구/14, 111-125, 독립기념관 한국독립운동연구소.

윤선자, 2000, 安重根의 愛國啓蒙運動, 역사학연구/15, 63-103, 전남사학회.

윤재석, 2000, 日本近代文學者における韓日合邦認識──石川啄木の場合─新聞報道資料を中心に, 日本學報/45, 393-407, 한국일본학회.

정영희, 2000, 舊韓末 安重根의 國權守護運動, 역사와실학/14, 805-828, 역

사실학회.

조광, 2000, 安重根 연구의 현황과 과제, 한국근현대사연구/12, 180-222, 한국근현대사학회.

준낭, 2000, 〔근대명인 필적감상 (4)〕 안중근 의사 유묵―― 견인불발의 기백이 넘치는 글씨, 한글한자문화/13, 60-61, 전국한자교육추진총연합회.

한국예술정보, 2000, 일제치하(日帝治下)의 기독교,『한국민속대관』, 누리미디어.

한시준, 2000, 〔학산 김진봉 교수 정년기념 특집호〕 중국인이 본 안중근―― 박은식과 정원의『안중근』을 중심으로, 忠北史學/11, 493-505, 충북대학교 사학회.

김춘호, **2001**, "살인하지 마라"는 계명의 사회적 차원, 가톨릭 신학과 사상 (35), 72-93, 신학과사상학회.

배봉한, 2001, 청소년들아, 네 삶터를 사랑하여라―― 청원군 청소년수련관 '안중근 학교', 경향잡지, 93(3), 121-125.

변기찬, 2001, 안중근의 신앙과 현양에 대한 비교사적 검토, 敎會史硏究 (16), 119-143, 한국교회사연구소.

이현희, 2001, 〔연구논문〕 안중근 의사의 동양평화사상 연구, 문명연지/2(1), 99-121, 한국문명학회.

장석흥, 2001, 安重根의 대일본 인식과 하얼빈 의거, 敎會史硏究(16), 33-55, 한국교회사연구소.

전달수(田達秀), 2001, 安重根 토마스의 信仰과 德行, 神學展望(132), 36-61, 광주가톨릭대학교 신학연구소.

전달수(田達秀), 2001, 안중근 토마스의 신앙과 덕행, 敎會史硏究(16), 57-81, 한국교회사연구소.

정영희, 2001, 〔연구논문〕 안중근의 국권수호운동, 문명연지/2(1), 73-98, 한국문명학회

정인상, 2001, 안중근의 신앙과 윤리, 敎會史硏究(16), 83-118, 한국교회사연구소.

차기진, 2001, 安重根의 천주교 신앙과 그 영향, 敎會史硏究(16), 9-32, 한국교회사연구소.

김주용, **2002**, 安重根의 國權回復運動, 韓國北方學會論集(9), 35-54, 한국북 방학회.

김창수, 2002, 安重根義擧의 歷史的 意義, 한국민족운동사연구/30, 7-20, 한 국민족운동사학회.

박환, 2002, 러시아 沿海州에서의 安重根, 한국민족운동사연구/30, 61-94, 한국민족운동사학회.

오석원, 2002, 勉庵 崔益鉉의 義理思想, 東洋哲學硏究/31, 59-86, 동양철학 연구회.

오영섭, 2002, 안중근 가문의 독립운동, 한국민족운동사연구/30, 21-60, 한 국민족운동사학회.

유미애, 2002, 안중근 평화사상의 현대적 의미, 韓國北方學會論集(9), 7-34, 한국북방학회.

유수, 2002, 〔청소년 통일캠프〕 천주교 정의구현사제단 주최 통일캠프── 안중근 학교 "이야! 노래도 잘하네", 민족21, 28-31.

이상일, 2002, 안중근 의거에 대한 각국의 동향과 신문 논조, 한국민족운동 사연구/30, 95-117, 한국민족운동사학회.

이태진, 2002, 안중근(安重根), 韓國史市民講座/30, 238-255, 일조각.

토로포프, 2002, 조선합방 직전에 전개된 조선 민중의 항일해방운동 (1907~1910년), 한국민족운동사연구/30, 517-527, 한국민족운동 사학회.

김길룡, **2003**, 안중근의 동양평화론에 대한 미래지향적 고찰, 소통과 인문 학/1, 109-137, 한성대학교 인문과학연구원.

김동길, 2003, 어머니, 나의 어머니, 부경대학교 인문사회과학연구소 단행 본, 121-169, 부경대학교 인문사회과학연구소.

김명석, 2003, SF 영화 「2009 로스트 메모리즈」와 소설 『비명을 찾아서』의 서사 비교, 문학과영상/4(1), 71-102, 문학과영상학회.

김영호, 2003, 동북아 중심국가론의 기대와 우려, 시민과세계(3), 259-273.

박종현, 2003, 〔창을 닫으며〕 동북아 경제공동체 혹은 안중근 플랜의 소중 한 꿈, 월간 말(204), 240-240.

신광철, 2003, 안중근을 보는 두 가지 시선──북한 영화가 재현해 낸 애국 적 인물의 궤적, 인문콘텐츠/1, 226-240, 인문콘텐츠학회.

오야기 겐지, 2003, 〔한일 교환 교단일기〕 안중근과 이토 히로부미를 생각한다, 중등우리교육, 82-83.

오야기 겐지, 2003, 〔한일 교환 교단일기〕 안중근과 이토 히로부미를 생각한다, 초등우리교육, 84-85.

이시다 타케시(石田雄), 2003, 〔논문〕 이토 히로부미에 있어서의 「동양평화론」─안중근의 동양평화론과 비교하여, 翰林日本學/8, 143-152, 한림대학교 일본학연구소.

정환국, 2003, 애국계몽기 한문소설(漢文小說)에 나타난 대외인식의 단상, 민족문학사연구(23), 201-224, 민족문학사학회.

조광, 2003, [한국교회사 열두 장면] 안중근의 두 동생, 경향잡지, 95 (11), 87-91.

조광, 2003, [한국교회사 열두 장면] 안중근의 아내와 그 자녀들, 경향잡지, 95(10), 84-87.

조광, 2003, 〔한국교회사 열두 장면〕 안중근의 친인척, 경향잡지, 95 (12), 90-93.

조용구, 2003, 선현의 어록 (2)─안중근 의사가 옥중에서 남긴 문구, 한글한자문화/48, 56-57, 전국한자교육추진총연합회.

한상권, 2003, 안중근의 국권회복운동과 정치사상, 한국독립운동사연구/21, 45-84, 독립기념관 한국독립운동연구소.

현광호, 2003, [왜?] 안중근은 왜 이토 히로부미를 저격했나?, 내일을 여는 역사/11, 141-153, 내일을 여는 역사.

현광호, 2003, 〔일반논문〕 안중근의 동양평화론과 그 성격, 亞細亞研究/46(3), 155-195, 고려대학교 아세아문제연구소.

김종성, **2004**, 〔안중근과 신동북아시대_중국, 전통적 한반도 불간섭 정책 바꾸나〕 후진타오, '이홍장 독트린'으로 한반도 노린다, 월간 말 (217), 117-122.

류창진, 2004, '한국'소재 中國 近代小說 속의 韓國 認識과 時代 思惟, 중국소설논총, 19, 299-321.

명순구, 2004, 안중근과 이토 히로부미의 접점에 대한 법적 평가, 고려법학/43, 219-242, 고려대학교 법학연구원.

명순구, 2004, 안중근과 이토 히로부미의 접점에 대한 법적 평가, 人權과 正

義: 大韓辯護士協會誌(333), 150, 대한변호사협회.

문성재(文盛哉), 2004, 안중근 열사를 제재로 한 중국연극, 중국희곡/9(1), 337-373, 한국중국희곡학회.

박철현, 2004, 〔안중근과 신동북아시대_일본 자유주의의 역사적 맥락과 21세기 아시아의 연대〕 일본, '기업사회' 넘어 신자유주의 군사대국으로 간다, 월간 말(217), 123-128.

송현석, 2004, 〔안중근과 신동북아시대_남북미일 관계〕 냉온전선이 교차하고 있는 남-북-미-일 관계, 월간 말(217), 113-116.

윤병석, 2004, 朴殷植의 민족운동과『全集』편찬의 의의, 白山學報(70), 955-973, 백산학회.

이등연·양귀숙, 2004, 중국 근대 시기 詩歌에 나타난 朝鮮 문제 인식, 중국인문과학(29), 311-339.

이서행, 2004, 한국사상의 평화이념 고찰, 평화학연구/1, 5-28, 세계평화통일학회.

이재호, 2004, 안창호와 안정근·공근 형제, 도산학연구/10, 105-127, 도산학회.

이태준, 2004, 〔안중근과 신동북아시대_동양평화론〕 '국제주의자' 안중근의 이루지 못한 꿈, 동북아의 수평적 연대, 월간 말(217), 105-112.

전경일, 2004, 〔한국논단 광장〕 안중근 의사를 모독하지 말라!, 한국논단/175, 170-171, 한국논단.

최재건, 2004, 안중근이 순국 전에 겪은 내적 시련과 그의 사생관, 신학논단/37, 265-305, 연세대학교 신과대학.

편집부, 2004, 〔토막 이야기〕 송두율 교수의 '제3회 안중근 평화상' 수상 소감, 갈라진 시대의 기쁜소식(628), 18-20, 우리신학연구소.

한상권, 2004, 안중근의 하얼빈 거사와 공판투쟁(1) ── 검찰관과의 논쟁을 중심으로, 역사와 현실(54), 287-320, 한국역사연구회.

한상권, 2004, 안중근의 하얼빈 거사와 공판투쟁(2) ── 외무성 관리·통감부 파견원의 신문과 불공정한 재판 진행에 대한 투쟁을 중심으로, 德成女大論文集/33, 31-59, 덕성여자대학교.

강위원, **2005**, 흑룡강성 항일무장투쟁 현장에 대한 사진적 고찰, 현대사진영상학회논문집/8, 87-104, 현대사진영상학회.

김진욱(金晋郁), 2005, 安重根 義擧를 통한 中國 知識人의 朝鮮 認識 硏究, 中國人文科學/30, 255-270, 중국인문학회.

김진욱(金晋郁), 2005, 安重根 義擧를 통한 中國 知識人의 朝鮮 認識 硏究, 중국인문학회 정기학술대회 발표논문집/2005(4), 181-194, 중국인문학회.

김춘선, 2005, 안중근 의거에 대한 중국인의 인식, 한국근현대사연구/33, 109-136, 한국근현대사학회.

신운용, 2005, 안중근 의거에 대한 국내의 인식과 반응, 한국근현대사연구/33, 7-49, 한국근현대사학회.

신운용, 2005, 안중근 의거의 사상적 배경, 韓國思想史學/25, 313-364, 한국사상사학회.

신운용, 2005, 安重根의 '東洋平和論'과 伊藤博文의 '極東平和論', 역사문화연구/23, 131-177, 한국외국어대학교 역사문화연구소.

유병호(劉秉虎), 2005, 중국인들이 바라본 安重根의 형상, 한국민족운동사연구/43, 235-253, 한국민족운동사학회.

유창진(柳昌辰), 2005, 「英雄淚」의 인물 유형을 통한 시대 인식, 중국인문과학(30), 215-233.

윤선자, 2005, 안중근 의거에 대한 천주교회의 인식, 한국근현대사연구/33, 50-78, 한국근현대사학회.

진용옥, 2005, [특별강연] 도마선생 안중근 의사 서거 95주년 기념 국제 학술대회에 부쳐, 국제학술대회/2005(08), 7-15, 한국어정보학회.

진용옥·홍완표·김광옥, 2005, 안중근 유해 발굴을 위한 전파 원격탐사 방식 고찰, 국제학술대회/2005(08), 398-407, 한국어정보학회.

한상권, 2005, 안중근 의거에 대한 미주 한인의 인식, 한국근현대사연구/33, 79-108, 한국근현대사학회.

김기승, **2006**, [유쾌한 뒤집기] 박노자의 『우승열패의 신화──사회진화론과 한국민족주의의 담론의 역사』(한겨레신문사, 2005), 한국민족운동사연구/49, 351-382, 한국민족운동사학회.

김양, 2006, 중국에서의 한국 의병·독립운동가들에 대한 선양, 의암학연구/3, 53-85, 의암학회.

박환, 2006, 항일역사문제 제6차 국제학술연토회 참가기(2006. 10. 12-

17) ——중국 흑룡강성 치치하얼시, 한국민족운동사연구/49, 383-
402, 한국민족운동사학회.

성해준(成海俊), 2006, 일본 속의 한국문화, 일본어문학/32, 511-532, 일본
어문학회.

쑨완이(孫皖怡), 2006, 『亡國恨』与『槿花之歌』小考, 중국소설논총, 24, 49-65.

원재연(하상 바오로), 2006, "장남 분도를 신부로 키워 주시오"——1910년
뤼순 옥중에서 안중근 의사가 가족에게 남긴 유언 중에서, 상교우
서(11), 42-44, 수원교회사연구소.

이정배, 2006, 함석헌의 『뜻으로 본 한국역사』속에 나타난 '민족' 개념의 신
학적 고찰, 신학과세계(55), 162-192, 감리교신학대학.

최종고, 2006, 구한말의 주한 프랑스인 사회, 敎會史硏究(27), 79-117, 한국
교회사연구소.

편집부, 2006, 〔카메라 포커스〕 안중근 의사 순국 제96주기를 맞으며, 北韓
(412), 10-10, 북한연구소.

편집부, 2006, 안중근의사기념관, 北韓(413), 8-11, 북한연구소.

평화문제연구소, 2006, 〔통일대비: 역사가 숨쉬는 공간3〕 나는 자랑스런 대
한의 아들이다 ——안중근의사기념관, 통일한국/269, 97-99, 평화
문제연구소.

현광호, 2006, 유길준과 안중근의 동아시아인식 비교, 역사비평(76), 25-
57, 역사문제연구소.

황정덕, 2006, 일본인이 이순신을 보는 눈, 이순신연구논총(6), 1-19, 순천
향대학교 이순신연구소.

황종렬, 2006, "안중근편 교리서"에 나타난 천·인·세계 이해, 神學展望
(153), 90-116, 광주가톨릭대학교 신학연구소.

김선현·임영환, **2007**, 안중근의사기념관 ——디림건축사사무소+홍익대학
교, 월간 CONCEPT(98), 112-117, 현대건축사.

문정진, 2007, 중국 근대소설과 안중근(安重根), 中國語文論叢/33, 343-
377, 中國語文研究會.

박소란, 2007, 〔8박 9일 민주 항일투쟁사적지 답사기〕 다시 만난 안중근·김
좌진·신채호·홍범도·윤동주… ——1920년대 만주 땅에서 분전한
독립지사의 넋 고스란히 남아, 민족21(78), 114-123.

박종혁(朴鐘爀), 2007, 안중근의사기념관 설계경기 참가작 ── 파이널리스트, 建築/51(7), 94-96, 대한건축학회.

신운용, 2007, 안중근 의거에 대한 국외 한인사회의 인식과 반응, 한국독립운동사연구/28, 99-143, 독립기념관 한국독립운동사연구소.

신주백, 2007, 한일 간의 流動하는 국민적 기억, 한일관계사연구/26, 341-381, 한일관계사학회.

오에 시노부(大江志乃夫), 2007, 〔특집: 메이지란 어떤 시대였는가〕 특종으로 보는 과격하고 잔인한 시대 ── 되살아나는 청일전쟁과 안중근 사건, 翰林日本學/12, 169-196, 한림대학교 일본학연구소.

오영섭, 2007, 개화기 안태훈(1862-1905)의 생애와 활동, 한국근현대사연구/40, 7-44, 한국근현대사학회.

윤병석, 2007, 만국평화회의와 한국특사의 역사적 의미, 한국독립운동사연구/29, 1-56, 독립기념관 한국독립운동연구소.

이상근, 2007, 러시아 연해주에서 柳麟錫과 安重根, 의암학연구/4, 73-93, 의암학회.

임영환, 2007, 안중근의사기념관, 建築/51(8), 87-89, 대한건축학회.

정동구·이승일·박제유, 2007, 안중근의사기념관 ── 한양대학교 + JU건축사사무소, 월간 CONCEPT(98), 126-129, 현대건축사.

정요일, 2007, 문화관광 산업의 발전을 위한 전통 인문학의 역할, 한국고전연구/15, 115-141, 한국고전연구학회.

지성수, 2007, 〔창밖에서-호주통신〕 정치를 잘 모르면 안중근 된다, 기독교사상, 51(8), 234-243.

최호순·박종혁, 2007, 안중근의사기념관 ── 내외종합건축사사무소 + 대구가톨릭대학교, 월간 CONCEPT(98), 118-121, 현대건축사.

편집부, 2007, 조국의 완전독립·동양평화 주장 안중근(安重根), 北韓(421), 88-89, 북한연구소.

한형우, 2007, 안중근의사기념관 ── 건축사사무소 스페이스연, 월간 CONCEPT(98), 122-125, 현대건축사.

황재문, 2007, 〔기획 논문〕 한국고전문학에서의 주체와 타자: 안중근의 문학적 형상화 양상 연구 ── 주체·타자 관계에 대한 분석을 중심으로, 국문학연구/15, 189-233, 국문학회.

김경일, **2008**, 근대 동북아 지역평화론에 대한 다자주의(多者主義) 관점에서의 고찰, 대구사학/90, 177-205, 대구사학회.

쉬용(徐勇), 2008, 安重根 의거에 대한 중국인의 인식, 남북문화예술연구/2, 7-31, 남북문화예술학회.

신운용, 2008, 안중근 관계자료와 『滿洲日日新聞』, 남북문화예술연구/2, 33-63, 남북문화예술학회.

신운용, 2008, 안중근의 의병투쟁과 활동, 한국민족운동사연구/54, 5-44, 한국민족운동사학회.

신주백, 2008, 일제강점기 '이등박문저격사건'을 둘러싼 안중근에 관한 국내외 조선인사회의 기억, 한국민족운동사연구/57, 53-83, 한국민족운동사학회.

양귀숙·김희성·장샤오쥔(蔣曉君), 2008, 中國近代關於安重根形象的文學作品分析, 中國人文科學/39, 255-270, 중국인문학회.

오영섭 2008, 일제시기 안정근의 항일독립운동, 남북문화예술연구/2, 65-119, 남북문화예술학회.

오영섭, 2008, 안중근의 옥중 문필활동, 한국민족운동사연구/55, 83-116, 한국민족운동사학회.

오영섭, 2008, 안중근의 정치체제 구상, 한국독립운동사연구/31, 281-330, 독립기념관 한국독립운동연구소.

이동언, 2008, 안명근의 생애와 독립운동, 남북문화예술연구/2, 121-142, 남북문화예술학회.

정현기, 2008, 북한의 안중근 인식, 남북문화예술연구/2, 143-198, 남북문화예술학회.

차기진, 2008, 초기 교회 시대 경기 북부 지역의 천주교, 敎會史硏究(31), 5-26, 한국교회사연구소.

최서면, 2008, 안중근 묘역 추정의 경과, 한국근현대사연구/46, 205-235, 한국근현대사학회.

구완서, **2009**, 도마 안중근 의병 참모중장의 생애와 사상, 대학과 복음/14, 7-55, 대학복음화학회.

김경일, 2009, 동아시아의 맥락에서 본 안중근과 동양평화론, 정신문화연구/32(4), 193-219, 한국학중앙연구원.

김동길, 2009, 〔창간 20주년 기념 강연〕정몽주, 이순신, 안중근의 정신이
　　　우릴 살리고 있다, 한국논단/241, 18-21, 한국논단.

김동원, 2009, [논단] 정의의 사도 평화의 사도 안중근 의사 3. 사목정보,
　　　2(12), 122-127.

김상기, 2009, 일본에서의 항일운동과 사적지, 충청문화연구/2, 167-210,
　　　충남대학교 충청문화연구소.

김익수, 2009, 동양사상(東洋思想)과 인성교육(人性敎育) ─ 안중근(安重
　　　根) 의사(義士)의 동양대세론(東洋大勢論), 韓國의 靑少年文化 /13,
　　　17-18, 한국청소년효문화학회.

김익수, 2009, 한국사상(韓國思想)과 인성교육(人性敎育) ─ 안중근의 충의
　　　사상, 韓國의 靑少年文化 /14, 6-7, 한국청소년효문화학회.

리광평, 2009, 이주 1번지 두만강 기슭의 조선족 선배들, 在外韓人硏究/20,
　　　130-155, 재외한인학회.

박걸순, 2009, 沿海州 韓人社會의 갈등과 鄭淳萬의 피살, 한국독립운동사연
　　　구/34, 243-281, 독립기념관 한국독립운동연구소.

박민영, 2009, 柳麟錫의 의병통합 노력과 安重根의 하얼빈 의거, 의암학연
　　　구/7, 81-109, 의암학회.

박영준, 2009, 러일전쟁 이후 동아시아 질서구상, 한국정치외교사논
　　　총/30(2), 99-125, 한국정치외교사학회.

반병률, 2009, 러시아에서의 안중근의 항일독립운동에 대한 재해석, 한국독
　　　립운동사연구/34, 5-54, 독립기념관 한국독립운동연구소.

반병률, 2009, 안중근(安重根)과 최재형(崔在亨), 역사문화연구/33, 71-
　　　114, 한국외국어대학교 역사문화연구소.

배영기, 2009, 충효사상(忠孝思想)과 평화사상(平和思想) ─ 안중근(安重
　　　根)과 의리사상(義理思想), 韓國의 靑少年文化 /13, 133-155, 한국
　　　청소년효문화학회.

백기인, 2009, 안중근 의병의 전략전술적 성격, 군사(70), 171-195, 국방부
　　　군사편찬연구소.

서해성(徐海誠), 2009, 안중근, 모순과 싸운 영웅, 황해문화/65, 270-284,
　　　새얼문화재단.

손염홍, 2009, 안중근 의거가 중국의 반제민족운동에 미친 영향, 한국독립

운동사연구/34, 55-91, 독립기념관 한국독립운동연구소.

신규환, 2009, 〔답사기〕하얼빈 지역 의학사 답사기, 延世醫史學/12(1), 143-154, 연세대학교 의과대학 의사학과.

신운용, 2009, 안중근 의거의 국제 정치적 배경에 관한 연구, 역사문화연구/33, 115-154, 한국외국어대학교 역사문화연구소.

신운용, 2009, 안중근의 대일인식, 한국민족운동사연구/60, 5-44, 한국민족운동사학회.

신운용, 2009, 일제의 국외 한인에 대한 사법권침탈과 안중근 재판, 한국사연구/146, 207-244, 한국사연구회.

안천, 2009, 안중근 의사의 동양평화사상과 사회과교육, 사회과교육/48(4), 113-121, 한국사회과교육연구학회.

오수열, 2009, 안중근 의사의 생애와 하얼빈 의거, 서석사회과학논총/2(1), 1-21, 조선대학교 사회과학연구원.

오일환, 2009, 제2장 안중근의 구국활동과 그 정치적 의미, 민족사상/3(1), 33-66, 한국민족사상학회.

윤병석, 2009, 안중근 의사의 하얼빈 의거의 역사적 의의, 한국학연구/21, 343-386, 인하대학교 한국학연구소.

윤병석, 2009, 安重根의 '同義斷指會'의 補遺, 한국독립운동사연구/32, 87-111, 독립기념관 한국독립운동연구소.

윤선자, 2009, 해방 후 안중근 기념사업의 역사적 의의, 한국독립운동사연구/34, 123-160, 독립기념관 한국독립운동연구소.

이규수, 2009, 안중근 의거에 대한 일본 언론계의 인식, 한국독립운동사연구/34, 93-121, 독립기념관 한국독립운동연구소.

이명화, 2009, 이강의 독립운동과 안중근 의거, 한국인물사연구/11, 291-331, 한국인물사연구소.

이목희(토론자)·서명훈(토론자)·남재희(토론자)·김진국(토론자)·이종식(토론자)·안병찬(토론자)·이성춘(토론자)·구종서(토론자)·이정자(토론자)·이미숙(토론자), 2009, 중국인 눈에 비친 안중근 의사 의거, 관훈저널(112), 231-254, 관훈클럽.

이장희, 2009, 안중근 재판에 대한 국제법적 평가, 외법논집/33(2), 299-324, 한국외국어대학교 법학연구소.

이현희, 2009, 제1장 안중근 의사의 동양평화사상 인식, 민족사상/3(1), 9-31, 한국민족사상학회.

정경환, 2009, 제3장 안중근의 정치사상에 관한 연구, 민족사상/3(1), 67-109, 한국민족사상학회.

정현기, 2009, 사람됨, 얼굴값들, 떳떳함과 꾀죄죄함, 계간 서정시학, 19(4), 273-279.

조복행, 2009, 안중근의 높은 정신세계를 달성 위해 그린 연극 「한화(寒花)」, [ARKO] 문화예술.

최원식, 2009, 동양평화론으로 본 안중근의 「장부가」, 민족문학사연구/41, 266-282, 민족문학사학회.

최찬용, 2009, 철도 110주년 및 안중근 장군 의거 100주년 기념 역사의 길 ― 녹색의 비전 대륙철도 횡단행사 참관기, 한국토목섬유학회지/8(4), 78-84, 한국토목섬유학회.

한성민, 2009, 일본 정부의 安重根 재판 개입과 그 불법성, 史學硏究(96), 225-266, 한국사학회.

황재문, 2009, 미리보기 '한겨레 고전 인물 평전 100' ― 안중근을 기억하기 위하여, 연보와 평전/3, 51-58, 부산대학교 점필재연구소.

김녕, 2010, 신앙인의 '정치적 투신'과 '종교적 동기', 인간연구(18), 139-171, 가톨릭대학교(성심교정) 인간학연구소.

김녕, 2010, 한 백년 민족사와 국가권력, 그리고 가톨릭교회, 1910~2010, 현상과 인식/34(3), 43-70, 한국인문사회과학회.

김동규, 2010, 안중근의 생애와 「동양평화론」의 현대사적 의미, 한국평화연구학회 학술회의/2010(1), 415-424, 한국평화연구학회.

김문환, 2010, [연극(1)] 「영웅」 「나는 너다」 「화려한 휴가」 ― 2010년, '역사성이 밴' 세 기념공연들, 공연과 리뷰(71), 149-156, 현대미학사.

김봉규, 2010, 안중근과 미래신화 ― 동양평화사상의 현대적 해석, 제10회 가톨릭 포럼: '안중근과 동양평화사상', 2010. 6. 7, 프레스센터 기자회견장.

김수태, 2010, [서평] '안중근학'의 출발을 바라는 노력이 한 결실(신운용, 채륜, 2009), 대구사학/101, 293-306, 대구사학회.

김주용, 2010, 황병길의 생애와 독립운동, 한국독립운동사연구/37, 129-

162, 독립기념관 한국독립운동연구소.

김호일, 2010, 인류평화와 유관순, 유관순 연구/15, 7-23, 백석대학교 유관
순연구소.

노명환, 2010, 유럽통합 사상과 역사에 비추어 본 안중근 동양평화론의 세
계사적 의의, 국제지역연구/13(4), 181-206, 한국외국어대학교 국
제지역연구센터.

도진순, 2010, 안중근 가문의 유방백세와 망각지대, 역사비평(90), 242-
280, 역사문제연구소.

도진순, 2010, 안중근의 전쟁과 평화, 죽임과 죽음, 역사와 현실(75), 247-
277, 한국역사연구회.

마키노 에이지(牧野英二), 2010, 안중근과 일본인, 아시아문화연구/20,
209-228, 경원대학교 아시아문화연구소.

박민영, 2010, 안중근의 동의단지회(同義斷指會) 연구, 군사연구(129),
7-38, 육군군사연구소.

박민영, 2010, 안중근의 연해주 의병투쟁 연구, 한국독립운동사연구/35,
189-234, 독립기념관 한국독립운동연구소.

박수명, 2010, 제6장 신아시아외교변화와 한국민족주의의 방향, 통일전
략/10(1), 191-219, 한국통일전략학회.

박환, 2010, 參議府 특파원 李壽興의 의열투쟁과 군자금 모집, 한국민족운
동사연구/65, 165-208, 한국민족운동사학회.

송민숙, 2010, 〔연극비평〕 안중근 서거 100주년 추모연극 ─「나는 너다」,
연극평론/58, 154-158, 한국연극평론가협회.

신운용, 2010, 안중근 유해의 조사·발굴 현황과 전망, 역사문화연구/36,
113-146, 한국외국어대학교 역사문화연구소.

신운용, 2010, 안중근 의거 관련 『노국관헌취조번역문』의 내용과 그 의미,
한국민족운동사연구/63, 47-78, 한국민족운동사학회.

신운용, 2010, 안중근 의거와 대동공보사의 관계에 대한 재검토, 한국사연
구/150, 177-203, 한국사연구회.

신운용, 2010, 안중근의 군인관의 형성과 전개, 군사연구(129), 39-70, 육
군군사연구소.

심헌용, 2010, 러시아 연해주 하산지역의 한인민족운동 현장이 지니는 역사

적 의의와 활용성 연구, 민족학연구/9, 191-215, 한국민족학회.

오영섭, 2010, 안중근 가문의 독립운동 기반과 성격, 敎會史硏究(35), 219-265, 한국교회사연구소.

오재환, 구사회, 2010, 근대 시기 동양평화에 대한 두 시각——안중근과 박영철을 중심으로, 東洋古典硏究/41, 249-274, 東洋古典學會.

우림걸·유혜영, 2010, 중국 근대 장회소설(章回小說) 「영웅루(英雄淚)」에 대한 고찰, 古小說 硏究/30, 75-89, 한국고소설학회.

원일우·김정국, 2010, 안중근 의사 기념관 현장, 건축시공/10(4), 54-61, 한국건축시공학회

원재연(하상 바오로), 2010, "기뻐하여라, 너희가 하늘에서 받을 상이 크다"——빌렘 신부가 여순 감옥에서 안중근에게 한 미사 강론 중에서, 상교우서(28), 22-24, 수원교회사연구소.

원재연(하상 바오로), 2010, "우리는 조선 사람으로서 안중근의 전설을 어찌 잊을 수 있겠는가?"——안중근의 손자 안웅호 요셉의 목숨을 구한 어느 군인의 말, 상교우서(29), 18-20, 수원교회사연구소.

원재연(하상 바오로), 2010, "이제 우리들마저 야만스런 행동을 해야만 하겠는가?"——안중근 토마스 의사의 자서전 중에서, 상교우서(26), 26-28, 수원교회사연구소.

원재연, 2010, 구한말 안중근의 천주교 교리인식과 신앙실천, 교회사학/7, 119-158, 수원교회사연구소.

윤경로, 2010, 안중근 의거 배경과 「동양평화론」의 현대사적 의의, 한국독립운동사연구/36, 137-176, 독립기념관 한국독립운동연구소.

윤병석, 2010, 안중근의 사진, 한국독립운동사연구/37, 393-439, 독립기념관 한국독립운동연구소.

윤병석, 2010, 안중근의 하얼빈 의거와 순국 100주년의 성찰, 군사연구(129), 71-114, 육군군사연구소.

이기형, 2010, 영상미디어와 역사의 재현 그리고 '기억의 정치학', 방송문화연구/22(1), 57-90, 한국방송공사 방송문화연구소.

이길연, 2010, 안중근의 저술에 나타나는 동양평화론와 기독사상, 평화학연구/11(4), 343-359, 세계평화통일학회.

이길연, 2010, 안중근의 저술에 나타나는 동양평화와 기독사상, 한국평화연

구학회 학술회의/2010(1), 381-391, 한국평화연구학회.

이영미, 2010, 안중근 의거의 매체적 변용과 동양평화론――북한의 연대기적 재인식과 관련하여, 평화학연구/11(1), 283-306, 세계평화통일학회.

이영미, 2010, 안중근 의사 의거의 매체적 변용과 동양평화론, 한국평화연구학회 학술회의/2010(1), 392-414, 한국평화연구학회.

이정현, 2010, [아하! 오늘! 1909년 10월 26일] 안중근, 이토 히로부미 저격, 새가정/57(626), 32-35, 새가정사.

장석흥, 2010, 안중근의 독립운동 구상과 의거의 성격, 한국학논총/34, 1001-1025, 국민대학교 한국학연구소.

정영훈, 2010, 안중근, 그 불멸의 가능성――이문열, 『불멸』(민음사, 2010), 세계의문학/35(2), 283-286, 민음사.

정희석, 2010, 동북아 지역의 평화지향적 범아시아주의 연구――19세기 말에서 20세기 초를 중심으로, 大韓政治學會報/17(2), 23-44, 대한정치학회.

조광, 2010, 도마 안중근의 의거와 그에 대한 평가, 사목정보 3(12), 69-71, 미래사목연구소.

조광, 2010, 안중근을 어떻게 볼 것인가, 제10회 가톨릭 포럼: '안중근과 동양평화사상', 2010. 6. 7, 프레스센터 기자회견장.

조보라미, 2010, 〔공연 리뷰〕나는 너다: 「나는 너다」가 푼 것과 풀지 못한 것――또 한 번, 안중근을 기념하는 연극, 공연과 이론(39), 205-210, 공연과이론을위한모임.

조상민, 2010, 안중근 순국 100주년 기념순례를 떠나며, 갈라진 시대의 기쁜소식(923), 4-5, 우리신학연구소.

조영일, 2010, 세계문학으로 (제4회): 머나먼 세계문학: 시바 료타로와 이문열, 오늘의 문예비평, 222-277, 오늘의 문예비평.

최덕수, 2010, '한국병합' 전후 동아시아 국제환경과 한인언론의 세계인식, 東北亞歷史論叢(30), 11-38, 동북아역사재단.

최상민, 2010, 〔일반논문〕극예술 속의 '안중근' 읽기――역사적 실재와 성찰적 재현, 現代文學理論研究/43, 367-388, 현대문학이론학회.

최서면, 2010, 안중근 순국 100주년에 즈음한 시대 과제, 제10회 가톨릭 포

럼: '안중근과 동양평화사상', 2010. 6. 7, 프레스센터 기자회견장.

최원식, 2010, 「동양평화론」으로 본 안중근의 「장부가(丈夫歌)」, 창작과 비평/38(2), 326-342, 창비.

최장근, 2010, 안중근 의사의 사상적 추이에 관한 연구, 한국일본어문학회 학술발표대회논문집/2010(7), 460-463, 한국일본어문학회.

편집부, 2010, 〔인사이드〕 뉴스의 현장——안중근 의사 순국 100주년…정부, 중앙추념식 개최, 통일한국/316, 6-7, 평화문제연구소.

함세웅, 2010, 안중근 의사의 현대적 의미, 제10회 가톨릭 포럼: '안중근과 동양평화사상', 2010. 6. 7. 프레스센터 기자회견장.

허우성, 2010, 깊이 생각합시다——간디가 본 '안중근'과 이토 히로부미, 비폭력연구/4, 11-17, 경희대학교 비폭력연구소.

현광호, 2010, 안중근의 한중일 인식, 한국학논총/33, 336-361, 국민대학교 한국학연구소

홍웅호, 2010, 안중근의 이토 사살 사건과 러일 관계, 史學硏究(100), 671-705, 한국사학회.

황선조, 2010, '동양평화'를 넘어 '세계평화'로, 한국평화연구학회 학술회의/2010(1), 1-19, 한국평화연구학회.

김수태, **2011**, 안중근과 천주교의 관계에 대한 비판적 검토, 한국독립운동사연구/38, 5-45, 독립기념관 한국독립운동사연구소.

김재욱, 2011, [논문] 한국인 관련 화극(話劇) 극본(劇本)의 발굴과 정리——2010년을 기준으로, 中國語文學誌/35, 77-101, 중국어문학회.

김재철, 2011, 안중근의 구국활동과 군사사상, 한국동북아논총/58, 159-181, 한국동북아학회.

김정환, 2011, 한말·일제강점기 뮈텔 주교의 교육활동, 한국근현대사연구/56, 7-41, 한국근현대사학회.

김호일, 2011, 의암 류인석 장군과 안중근, 의암학연구/8, 37-57, 의암학회.

박문현, 2011, 제5장 關于墨子和安重根和平論的比較, 민족사상/5(3), 187-202, 한국민족사상학회.

박선주, 2011, 안중근 의사 유해 추정매장지 연구, 人文學誌/43, 1-41, 충북대학교 인문학연구소.

송명진, 2011, 역사·전기소설과 디아스포라, 비교한국학 Comparative

Korean Studies/19(3), 201-224, 국제비교한국학회.

송종복, 2011, 〔탐방기〕안중근 의사 의거 100주년 역사탐방 견문기, 문명연지/11(2), 131-136, 한국문명학회.

신운용, 2011, 안중근 가문의 천주교 수용과 향촌사회, 남북문화예술연구/8, 187-212, 남북문화예술학회.

윤효정, 2011, '하얼빈 사건'에 대한『대한매일신보』의 여론 형성 연구, 한국사학보/42, 225-246, 고려사학회.

윤효정, 2011, 서울, 안중근에 대한 기억의 흔적을 걷다, 국제고려학회 서울지회 논문집/14, 211-233, 국제고려학회 서울지회.

이금재, 2011, 〔일본문학(日本文學), 일본학(日本學) 편(篇)〕나쓰메 소세키가 본 한국—「만주와 한국 기행일기」를 중심으로, 日語日文學研究/77(2), 261-281, 한국일어일문학회.

이재봉, 2011, 20세기의 동양평화론과 21세기의 동아시아 공동체론, 평화학연구/12(1), 5-24, 세계평화통일학회.

임영환, 2011, 〔프로젝트 리포트〕안중근의사기념관, 建築/55(1), 50-53, 대한건축학회.

최장근, 2011, 안중근 사상의 진화과정에 관한 연구, 일어일문학/49, 449-468, 대한일어일문학회.

최형욱, 2011, 량계초(梁啓超)의 「추풍단등곡(秋風斷藤曲)」탐구—안중근 의거를 찬미한 중국 근대 대표 지식인의 노래와 그 속내, 동아시아문화연구/49, 291-322, 한양대학교 동아시아문화연구소(구 한양대학교 한국학연구소).

한시준, 2011, 안중근에 대한 중국학계의 연구 성과와 과제, 한국근현대사연구/59, 202-224, 한국근현대사학회.

구나경, **2012**, 비평적 담화분석 관점에서 살펴본 개화기 해외발행 민족지의 안중근 의거 보도, 텍스트언어학/33, 213-260, 한국텍스트언어학회.

김보희, 2012, 1917년 독일 포로 고려인이 부른 독립운동가요, 한국독립운동사연구/42, 75-106, 독립기념관 한국독립운동연구소.

김수아, 2012, 컬처 페이퍼—다산을 만나 삶을 바꾸고, 안중근과 함께 영웅이 되다!, 地方行政/61(699), 70-71, 대한지방행정공제회.

김형목, 2012, 안중근의 국내 계몽활동과 민족운동사상의 위상, 숭실사학/29, 75-116, 숭실사학회.

남춘애, 2012, 안중근 유묵에 담긴 중국 문화 형상 연구, 한국문학이론과 비평/55, 335-352, 한국문학이론과비평학회.

박광득, 2012, 제4장 안중근의 동양평화론의 내용과 성격에 관한 연구, 민족사상/6(3), 101-137, 한국민족사상학회.

박정원, 2012, 安重根 裁判의 問題點과 不當性에 대한 法的 考察, 법학논총/25(1), 113-140, 국민대학교 법학연구소.

반병률, 2012, 이범진(李範晉)의 자결(自決) 순국과 러시아와 미주 한인사회의 동향(動向), 한국학연구/26, 337-387, 인하대학교 한국학연구소.

변창구, 2012, 제1장 안중근 의거의 국제정치적 배경과 의의, 민족사상/6(2), 9-36, 한국민족사상학회.

서형득, 2012, 안중근 의사에 대한 재심 재판의 가능성 검토, 한국보훈학회 학술대회지, 1-30, 한국보훈학회.

所由美, 2012, 啄木が示した倂合反対の意. 일본학보(92), 141-158.

송영순, 2012, 이광수의 장시에 나타난 서사성 연구 ─「옥중호걸」「곰」「극웅행」을 중심으로, 한국문예비평연구/37, 83-112, 한국현대문예비평학회.

송영순, 2012, 이광수의 장시와 안중근과의 연관성, 한국시학연구(35), 173-200, 한국시학회.

신운용, 2012, 안중근과 우찌무라 간조의 평화론 연구, 神學展望(176), 162-197, 광주가톨릭대학교 신학연구소.

신운용, 2012, 일본의 안중근 연구에 대한 비판적 검토, 한국민족운동사연구/71, 49-86, 한국민족운동사학회.

신운용, 2012, 한국가톨릭계의 안중근 기념사업 전개와 그, 역사문화연구/41, 41-82, 한국외국어대학교 역사문화연구소.

신운용, 2012, 한국의 안중근 연구에 대한 비판적 검토 1, 남북문화예술연구/10, 231-262, 남북문화예술학회.

신운용, 2012, 한국의 안중근 연구에 대한 비판적 검토 2, 남북문화예술연구/11, 339-385, 남북문화예술학회.

오일환, 2012, 제2장 안중근의 평화사상의 내용과 의미, 민족사상/6(2), 37-71, 한국민족사상학회.

오일환, 2012, 제6장 안중근의 동양평화사상과 남북통일, 통일전략/12(1), 203-237, 한국통일전략학회.

유영옥, 2012, 대한민국을 대표하는 상징성에 대한 고찰, 한국보훈논총/11(4), 37-94, 한국보훈학회.

윤선자, 2012, 중국인 저술 '안중근 전기' 연구, 교회사학/9, 249-273, 수원교회사연구소

윤선자, 신주백, 2012, 중국인 저술 '안중근 전기' 연구, 한중인문학회 학술대회/2012(1), 143-156, 한중인문학회.

장신·황호덕, 2012, 『신한자유종』(1910) 검열 기록의 성격과 이광수의 초기 활동, 근대서지(5), 263-282, 근대서지학회.

장정규, 2012, [안중근의사기념사업회 윤원일 사무총장] 안중근 의사 유적 공동복원 합의 "북, 남북관계 개선에 매우 적극적", 민족21(141), 18-23, 민족21.

정경환, 2012, 제3장 안중근의 국가론에 관한 연구, 민족사상/6(2), 73-105, 한국민족사상학회.

정홍규, 2012, 안중근 토마스에서 성인(Saint) 안중근 토마스, 사목정보, 5(5), 2-3.

채대석·김미정, 2012, 심층무역협정을 통해 본 안중근의 동양평화론의 조명, 무역학회지, 37(1), 229-255.

최덕규, 2012, 고종 황제와 안중근의 하얼빈 의거 —1904~1910, 한국민족운동사연구/73, 95-142, 한국민족운동사학회.

최영옥, 2012, 김택영의 안중근 형상화 검토 —「安重根傳」의 이본 검토를 중심으로, 동양한문학연구/35, 363-392, 동양한문학회.

한철호, 2012, 일본학계의 안중근 연구 쟁점과 과제, 한국근현대사연구/61, 151-186, 한국근현대사학회.

홍일교, 2012, 禹德淳의 하얼빈 의거와 堤川義兵, 지역문화연구/11, 83-106, 세명대학교 지역문화연구소.

황성우, 2012, 뮤지컬의 창출 미감과 그 의미, 한국보훈논총/11(1), 209-222, 한국보훈학회.

황종열, 2012, 안중근 토마스의 동양평화론과 가톨릭 신앙, 神學展望(178), 114-169, 광주가톨릭대학교 신학연구소.

강진구, **2013**, 다문화주의 관점에서 본 아시아연대론, 다문화콘텐츠연구/15, 191-222, 중앙대학교 문화콘텐츠기술연구원.

김수태, 2013, 안중근의 독립운동과 신문, 진단학보(119), 113-148, 진단학회.

김윤희, 2013, 대한제국 언론매체의 정치기획과 안중근, 아시아문화연구/32, 69-97, 가천대학교 아시아문화연구소.

김종철, 2013, 김택영(金澤榮)의「안중근전(安重根傳)」입전(立傳)과 상해(上海), 한중인문학연구/41, 23-55, 한중인문학회.

김종철, 2013, 滄江 金澤榮과 白巖 朴殷植의 上海에서의 立傳 活動, 한중인문학회 국제학술대회/2013(1), 37-48, 한중인문학회.

김형목, 2013, 러시아 연해주 계동학교의 민족교육사에서 위상, 한국민족운동사연구/74, 39-78, 한국민족운동사학회.

박병기·지준호·김철호, 2013, 전통적 가치와 시민의식, 倫理研究/93, 37-59, 한국윤리학회.

서재길, 2013, 요동반도의 끝에서 바라본 동아시아의 근대, 만주연구/16, 275-307, 만주학회.

신운용, 2013, 안중근연구의 현황과 쟁점, 역사문화연구/45, 109-162, 한국외국어대학교 역사문화연구소.

안신, 2013, 종교적 인간 안중근(1879-1910)의 오토피아론, 사회과학연구/35(1), 121-140, 배재대학교 사회과학연구소.

오일환, 2013, 제3장 조마리아의 생애와 여성 리더십, 민족사상/7(4), 65-98, 한국민족사상학회.

이명화, 2013, 도산 안창호의 서대문형무소 투옥과 수감 생활, 한국독립운동사연구/46, 171-218, 독립기념관 한국독립운동사연구소.

이승열, 2013, 안중근의「동양평화론」을 통한 '한반도 신뢰프로세스' 구상의 실현 방안, 北韓研究學會報/17(1), 249-281, 북한연구학회.

임영환, 2013, 안중근의사기념관 준공식, 건축과사회/23, 26-28, 새건축사협의회.

장석흥, 2013, 광복 후 '안중근 의사 유해 찾기'의 경과와 역사적 검토, 한국학논총/39, 357-377, 국민대학교 한국학연구소.

장세윤, 2013, 20세기 초반 주요 중국 언론의 한국 독립운동 인식, 한국민족운동사연구/75, 133-172, 한국민족운동사학회.

현광호, 2013, 안중근의 동양평화론의 연구 현황과 연구 과제, 한국민족운동사연구/75, 93-132, 한국민족운동사학회.

현광호, 2013, 안중근의 민족지도자 인식, 人文科學/52, 67-101, 성균관대학교 인문과학연구소.

황상석, 2013, 한·중·일 평화교류협력벨트 구축 방안 연구, 전남대학교 세계한상문화연구단 국내학술회의/2013(8), 279-300, 전남대학교 세계한상문화연구단.

고재종, **2014**, 안중근 의사 재판에 대한 법적 재조명, 평화학연구/ 15 (4), 75-99, 한국평화통일학회.

고재종, 2014, 안중근 의사 재판에 대한 법적 재조명, 한국평화연구학회 학술회의/2014(1), 5-25, 한국평화연구학회.

김난영, 2014, 안중근 의사 기념관과 다크투어리즘, 한국평화연구학회 학술회의/2014(1), 427-438, 한국평화연구학회.

김난영, 2014, 안중근 의사 기념관의 다크투어리즘 활용성에 대한 탐색적 연구, 평화학연구/15(4), 57-73, 한국평화통일학회.

김주용, 2014, 러시아 연해주 지역 한국독립운동사적지 현황과 활용방안, 동국사학/57, 510-542, 동국사학회.

김진호, 2014, 안중근 의사의 '동양평화론(東洋平和論)'에 대한 국제정치적 함의(含意), 한국평화연구학회 학술회의/2014(1), 439-456, 한국평화연구학회.

박종렬·전희락, 2014, 저작에 나타난 안중근 사상과 커뮤니케이션 전략, 한국평화연구학회 학술회의/2014(1), 471-496, 한국평화연구학회.

박종선, 2014, 안중근 재판의 절차적 부당성에 대한 법적 평가, 한국평화연구학회 학술회의/2014(1), 27-41, 한국평화연구학회.

박종선, 2014, 일본의 안중근 재판에 대한 절차적 부당성에 대한 재평가, 평화학연구/15(4), 101-120, 한국평화통일학회.

박주성, 2014, 민족분쟁의 관점에서 본 안중근과 이라크 쿠르드의 분리독립운동, 한국평화연구학회 학술회의/2014(1), 759-799, 한국평화연구학회.

방상근, 2014, 안중근과 대학 설립, 교회사연구, 45, 257-272.

신운용, 2014, 안중근의 종교사상과 제2차 바티칸 공의회 정신, 맘울림 ─ 깊고 넓고 맑은 삶을 위하여/36, 87-117, 신앙인아카데미.

신운용, 2014, 안중근의 종교사상과 제2차 바티칸 공의회 정신, 선도문화/16, 317-350, 국제뇌교육종합대학원 국학연구원.

신운용, 2014, 우덕순의 민족운동과 해방공간 활동, 한국민족운동사연구/81, 131-180, 한국민족운동사학회.

오영달, 2014, 안중근 의사의 동양평화론과 칸트의 영구평화론 비교, 한국평화연구학회 학술회의/2014(1), 43-54, 한국평화연구학회.

원재연, 2014, 최석우(崔奭祐) 교회사학(教會史學)의 사학사적(史學史的) 의의(意義), 教會史研究/43, 151-197, 한국교회사연구소.

윤경섭, 2014, 북한의 안중근 인식변화와 재평가 과정, 동북아연구/29(1), 49-78, 조선대학교 동북아문제연구소.

윤선자, 2014, 일제강점기의 안중근 전기(傳記)들에 기술된 안중근 의거와 천주교 신앙, 교회사학/11, 213-248, 수원교회사연구소.

이명화, 2014, 하얼빈 한인사회와 김성백의 독립운동, 역사와실학/55, 327-368, 역사실학회.

이서행, 2014, 한국의 전통적인 평화이념과 안중근의 동양평화론, 한국평화연구학회 학술회의/2014(1), 55-65, 한국평화연구학회.

이영미, 2014, 안중근의 동양평화론과 페미니즘 문화론, 한국평화연구학회 학술회의/2014(1), 67-82, 한국평화연구학회.

이영찬, 2014, 국가적 영웅의 사례를 통해서 본 군 리더십 제고 방안 연구 ─ 이순신·안중근·김구를 중심으로, 한국균형발전연구/5(2), 1-32, 영남대학교 한국균형발전연구소(구 영남대학교 영남지역발전연구소).

이용철, 2014, 안중근의 동아시아 인식과 지역협력구상, 평화연구/22(2), 5-37, 고려대학교 평화와민주주의연구소.

이이영, 2014, 지역 문화 감(感): 행정인(人) 멘토 ─ 안중근, 전 세계의 제국주의자들에게 경종을 울리다, 地方行政/63(727), 68-69, 대한지방행정공제회.

이인화, 2014, 〔연구논문〕1910년 이후 한말 사회진화론의 변용과 극복 양
상—안중근·박은식·안창호·신채호의 사상을 중심으로, 동서철학
연구/74, 231-261, 한국동서철학회

이흥림, 2014, 일본의 침략주의와 대한민국 과학기술의 발전, 세라미스
트/17(1), 94-117, 한국세라믹학회.

정병헌, 2014, 장월중선의 판소리 세계와 위상, 판소리연구/38, 307-335,
판소리학회.

정우택, 2014, 安重根 의사의 師承關係와 華西學脈의 淵源 연구, 화서학논
총/6, 321-358, 화서학회.

조광, 2014, 동아시아 역사인식 문제의 중요성, 내일을 여는 역사/54, 18-
27, 내일을 여는 역사.

조명제, 2014, 부활—殉國英雄 安重根 義士, 문예운동, 210-211.

조은상, 2014, 동북아시아에서의 인재양성, 한국평화연구학회 학술회
의/2014(1), 83-96, 한국평화연구학회.

최병영·박준우·이지혜, 2014, 안중근의 동양평화론에 담긴 사회적 경제
요소에 관한 연구, 한국사회교과교육학회 학술대회지/2014 (1),
1-27, 한국사회교과교육학회.

한상도, 2014, 安敬根이 걸어 간 한국근현대사, 한국민족운동사연구/ 78,
41-84, 한국민족운동사학회.

허우성, 2014, 간디·이토·안중근—문명의 충돌, 철학과 현실(102), 159-
182.

권은, **2015**, 식민지 교양소설과 이태준의 공간지향—이태준의 『사상의 월
야』를 중심으로, 상허학보, 44, 273-303.

김대호, 2015, 20세기 남산 회현 자락의 변형, 시각적 지배와 기억의 전
쟁—공원·신사·동상의 건립을 중심으로, 도시연구(13), 7-59.

김정오, 2015, 내가 이 시들을 읽는 까닭, 수필시대/10, 249-258, 문예운동
사.

김진근, 2015, 왕부지의 이하지변에 담긴 능멸적 변방민족관과 그를 위한
변명, 동양철학/44, 411-439, 한국동양철학회.

도시환, 2015, 을사늑약의 국제법적 문제점에 대한 재조명, 國際法學會論叢
/60(4), 125-149, 대한국제법학회.

박병철·주인석, 2015, 제2장 안중근의 전쟁과 평화, 민족사상/9(2), 35-64, 한국민족사상학회.

박환, 2015, 1930년대 朴章鉉의 근대사서술 ——『海東春秋』를 중심으로, 숭실사학/34, 415-444, 숭실사학회.

부유진, 2015, [논문] 박동실「열사가」의 미적 체험 방식과 의미, 감성연구/11, 103-123, 전남대학교 호남학연구원.

사이토 다이켄, 2015, 오럴 히스토리 ——일본 미야기현 안중근기념비 건립과 한일민간교류 35년, 일본공간/17, 286-309, 국민대학교 일본학연구소.

서정훈, 2015, 안중근의 이토 히로부미 저격 사건에 대한 국제법 및 교회법적 접근, 교회사학/12, 247-296, 수원교회사연구소.

신현득, 2015, 나의 문학과 역사, 兒童文學評論/40(4), 22-29, 아동문학평론사.

안성호, 2015, 1967년 '5·25 교시'를 통한 북한의 역사왜곡연구, 사회과학연구/32(2), 37-73, 충북대학교 사회과학연구소.

오영섭, 2015, 안공근의 생애와 항일독립운동, 숭실사학/35, 219-268, 숭실사학회.

오영섭, 2015, 안중근 상관 金斗星의 실체를 둘러싼 諸說의 비판적 검토, 한국민족운동사연구/85, 39-88, 한국민족운동사학회.

유병호, 2015, 한인의 다롄 이주와 민족사회의 형성, 해항도시문화교섭학(12), 1-25, 한국해양대학교 국제해양문제연구소.

정경환, 2015, 제1장 안중근의 사생관에 관한 연구, 민족사상/9(2), 9-33, 한국민족사상학회.

정우택, 2015, 제1주제: 安重根 義士의 독립운동과 毅菴 柳麟錫 관련 연구 ——안중근의 연해주 의병 활동과 하얼빈 의거를 중심으로, 화서학회 학술대회/2015(10), 25-61, 화서학회.

조홍용, 2015, '테러'와 '저항권'의 구분 기준에 관한 연 ——안중근 의사의 하얼빈 의거를 중심으로, 한국군사학논집/71(2), 19-46, 육군사관학교 화랑대연구소.

허우성, 2015, 자유주의 문명의 밖에서, 일본사상(29), 301-349, 한국일본사상사학회.

권순회, **2016**, 신발굴 시조창 가집 三題, 고전과 해석/21, 7-33, 고전문학한 문학연구학회.

김영권, 2016, 안중근 의거와 빌렘 신부, 神學展望(193), 197-231, 광주가 톨릭대학교 신학연구소.

김재욱, 2016, 尹奉吉 의거를 제재로 한 중국현대문학 작품과 그 특징, 한국 독립운동사연구/55, 226-258, 독립기념관 한국독립운동사연구소.

김진실, 2016, 20세기 초 전기문학 연구 ─ 미주에서 발행된 신문연재물과 단행본을 중심으로, 새국어교육/107, 517-542, 한국국어교육학회.

라우시, 프랭클린(Franklin Rausch), 2016, Colonialism and Catholicism in Asia, 敎會史硏究/48, 99-146, 한국교회사연구소.

문대일, 2016, 양계초의 尚武精神과 한국 근대문인의 관련 양상, 中國語文論 譯叢刊/39, 85-120, 중국어문논역학회.

민유기, 2016, 프랑스의 1910년 한일병합과 그 결과에 대한 인식, 사총/89, 33-67, 고려대학교 역사연구소(구 역사학연구회).

박환, 2016, 러시아지역 한인민족운동과 유진률, 군사(100), 147-188, 국방 부군사편찬연구소.

박희용, 2016, 대한제국기 獎忠壇의 조성배경과 공간구성, 서울과 역사(93), 121-173, 서울역사편찬원.

배인숙, 2016, 태극 외 1편, 열린시학/21(1), 124-125, 고요아침.

오영달, 2016, 안중근 평화주의의 기초 ─ 칸트 영구평화론과의 비교 관점, 한국보훈논총/15(1), 7-30, 한국보훈학회.

오영섭, 2016, 안중근과 화서학파의 관계, 의암학연구/14, 103-137, 의암학 회.

옥인호·양종훈, 2016, 문화예술이 장병 정신전력에 미치는 영향에 관한 연 구, 인문콘텐츠(43), 257-273, 인문콘텐츠학회.

이재형, 2016, 안중근 의사의 애국혼이 서린 유니폼, 월간 샘터/561, 54-55, 샘터사.

이태진, 2016, 安重根과 梁啓超, 진단학보(126), 101-120, 진단학회.

이혜경(YI HYE GYUNG), 2016, CHINESE CONSTITUTIONALIST AND REVOLUTIONIST VIEWS ON CHOSŎN KOREA: BASED ON ON LIÁNG QǏCHĀO AND ZHĀNG BǏNGLÍN'S

RECEPTION OF AN CHUNGGŬN, Acta Koreana/19(1), 163-188, 계명대학교 한국학연구원.

정우택, 2016, 安重根 義士의 독립운동과 毅菴 柳麟錫 관련 연구 ─안중근의 연해주 의병 활동과 하얼빈 의거를 중심으로, 화서학논총/7, 31-68, 화서학회.

조은상, 2016, 동북아시아에서의 인재양성 ─안중근의 동양평화론을 중심으로, 평화학연구/17(3), 7-23, 사단법인 한국평화연구학회.

최종길, 2016, 동양평화론과 조선인의 인식 ─안중근의 국제정세 인식을 중심으로, 史林/55, 109-138, 수선사학회.

최진석, 2016, 1930년대 일본·조선에서의 안중근 서사 ─「安重根」과 『하얼빈 역두의 총성』을 중심으로, 大東文化硏究/94, 451-474, 성균관대학교 대동문화연구원.

최진석, 2016, 하세가와 카이타로의 「安重根」 해제, 한국극예술연구/51, 291-471, 한국극예술학회.

황재문, 2016, 1905~1910년 미주 한인신문과 전통의 문제 ─「공립신보」와 「신한민보」를 중심으로, 국문학연구/33, 56-92, 국문학회.

황재문, 2016, 박은식 「안중근전」의 문학사적 성격과 영향력, The SNU Journal of Education Research/25(1), 223-246, 서울대학교 교육종합연구원.

김미옥, **2017**, 안중근 의거에 대한 일본인의 인식 ─1909년부터 1910년까지 아사히신문(朝日新聞)을 중심으로, 日語日文學硏究/103(2), 219-238, 한국일어일문학회.

김승태, 2017, 무단통치기 조선총독부의 종교정책과 한국 종교계의 동향, 한국기독교와 역사(47), 31-63, 한국기독교역사연구소.

김윤희, 2017, 텔레비전 콘텐츠의 역사 교육 적용 방법 고찰, 문화와 융합/39(6), 645-676, 한국문화융합학회.

김재석, 2017, 타니 조지(谷讓次)의 「安重根」 번역에 대한 연구, 국어국문학(180), 495-533, 국어국문학회.

뉴린제(牛林杰)·탕전(湯振), 2017, 동아시아 현대문학 속의 한국 항일영웅 서사, 아시아문화연구(45), 183-209, 가천대학교 아시아문화연구소.

박균섭, 2017, 안중근 연구와 교육사 서술, 敎育思想硏究/31(4), 85-107, 한

국교육사상연구회.

박균섭, 2017, 안중근 연구와 교육사 서술, 한국일본어문학회 학술발표대회 논문집/2017(4), 360-365, 한국일본어문학회.

배은주, 2017, [클릭! 통일교육] 열려라! 통일교육 보물창고 6 ── 광복 후 70년, 안중근의 묘는 여전히 비어 있다, 통일한국/404, 68-69, 평화문제연구소.

쉬단(徐丹), 2017, 독립운동가 朴炳疆의 생애와 활동, 한국독립운동사연구/58, 59-86, 독립기념관 한국독립운동사연구소.

양동국, 2017, 가시와기 기엔(柏木義円)과 한국, 아시아문화연구/45, 347-378, 가천대학교 아시아문화연구소.

이효석, 2017, 한국인에 대한 황인종 개념의 형성과 내면화 과정 연구, 한국민족문화/64, 145-167, 부산대학교 한국민족문화연구소.

임미선, 2017, 이보형의 서도소리 조사자료 분석과 자료적 가치 논구, 한국음악연구/61, 261-297, 한국국악학회.

장석흥, 2017, 안중근과 빌렘, 한국학논총/47, 273-292, 국민대학교 한국학연구소

홍선영, 2017, 일제강점기 일본문학에 나타난 '안중근' ── 다니 조지(谷讓次)의 희곡 「안중근: 14장면」을 중심으로, 翰林日本學/31, 103-120, 한림대학교 일본학연구소.

김용해, **2018**, 안중근의 동양평화사상과 가톨릭의 평화론, 한국종교교육학회 학술대회자료집/2018(2), 1-19, 한국종교교육학회.

남춘애, 2018, 북한문학의 주체사상 관점에서 보는 항일혁명 연극문학, 국제어문학회 학술대회 자료집/2018(1), 35-55, 국제어문학회(구 국제어문학연구회).

노용필, 2018, 章炳麟의 「韓安重根君傳」, 한국 근현대사 연구/87, 179-204, 한국근현대사학회.

도진순, 2018, 안중근과 일본의 평화지성, '화이부동'과 '사이비', 한국 근현대사 연구/86, 123-153, 한국근현대사학회.

박균섭, 2018, 안중근의 꿈 ── 교육자, 독립투사, 평화운동가의 길, 한국학연구/67, 73-107, 고려대학교 한국학연구소.

배연형, 2018, 송영석의 창작판소리 「역사가」와 이동백 제 적벽가, 판소리

연구/45, 87-117, 판소리학회.

서지월, 2018, 〔시가 있는 만주기행 9〕 하얼빈 안중근기념관을 가다, 오늘의 가사문학(17), 260-269, 고요아침.

양운기, 2018, 깊은 데로 나갔던 참 제자 안중근의 혁명과 영성 ──루가복음의 '깊은 데'에 기대어 안중근 읽기, 산위의 마을/35, 77-93, 예수살이공동체.

윤인선·박종현(논평), 2018, 안중근의 문학적 재현 양상과 가톨릭 평화 교육, 한국종교교육학회 학술대회자료집/2018(2), 169-187, 한국종교교육학회.

이영희, 2018, 일본현대시에 나타난 일제강점기 조선의 기억, 人文硏究(82), 279-304, 영남대학교 인문과학연구소.

장윤미, 2018, '안중근 기념'을 둘러싼 한반도 마음체계의 갈등구조, 東亞硏究/37(2), 123-167, 서강대학교 동아연구소.

정상우, 2018, 해방 이후 1950년대 독립운동의 영화적 재현, 한국사연구/(183), 69-104, 한국사연구회.

조윤아, 2018, 두 가지 층위로 나타난 하얼빈의 장소성 ──박경리의 「토지」를 중심으로, 批評文學/(68), 218-247, 한국비평문학회.

한국논단, 2018, 〔이달의 책〕 이문열의 소설 안중근 II 불멸, 현상과 진상/2018(5), 33-37, 한국논단.

함규진, 2018, 안중근 동양평화론의 정치사상적 의미, 평화학연구/19(1), 7-24, 한국평화연구학회.

황종열, 2018, 평신도 희년에 안중근의 영성을 생각하다, 가톨릭 평론/14, 123-131, 우리신학연구소.

김용해, **2019**, 안중근의 거사와 가톨릭의 평화론, 宗敎敎育學硏究/59(-), 63-86, 한국종교교육학회.

신주백, 2019, 격차의 뿌리 찾기 모색 ──한국근대사에서 '평화'와 일본의 '평화', 한국일본학회 학술대회/2019(02), 93-96, 한국일본학회.

윤인선, 2019, 근현대 동북아 평화의 인물로서 안중근의 서사화 가능성과 가톨릭 신앙, 문학과종교/24(1), 179-202, 한국문학과종교학회.

찾아보기

이 책이 세상의 빛을 보게 도운 사람들

감혜정 강경미 강경혜 강규옥 강나래 강동욱 강동채 강동환 강두산 강명숙
강무홍 강미경 강미옥 강미정 강민선 강민지 강민희 강범준 강병도 강산
강상애 강선순 강선아 강선영 강선중 강선희 강성란 강세미 강수비 강수정
강수진 강수진 강순영 강시내 강어석 강연심 강영숙 강영우 강영화 강예린
강유리 강유정 강윤영 강은수 강은심 강은혜 강은영 강은영 강은주 강인숙
강인철 강임화 강정숙 강정아 강정원 강정화 강정희 강제숙 강주현 강지아
강지우 강지원 강지형 강진영 강찬영 강춘경 강태리 강태리 강태영 강태우
강한아 강행운 강현주 강혜숙 강혜정 강홍구 강화명 강효정 강휘 강희석
강희진 경유진 고경숙 고광덕 고명숙 고민지 고선하 고수미 고수아 고수진
고영규 고영미 고영저 고예원 고운정 고원정 고유미 고유미 고유빈 고유진
고유진 고은경 고은실 고은정 고은정 고은지 고자현 고재광 고재원 고정국
고정미 고한조 고현주 고혜란 고혜진 공명희 공민정 공영옥 공재형 공희자
곽경화 곽노현 곽문석 곽미숙 곽민정 곽인례 구경임 구경자 구경희 구미원
구수정 구수정 구신정 구지숙 국혜연 권경진 권경희 권귀임 권금향 권나현
권난주 권남선 권대훈 권도율 권두용 권명숙 권명희 권미영 권미향 권민순
권민정 권서현 권석광 권선미 권선희 권소아 권수진 권순교 권순희 권아림
권연희 권영남 권영미 권영숙 권영심 권영애 권오상 권오춘 권유진 권윤덕
권윤신 권은미 권은주 권은지 권은혜 권은화 권이준 권재우 권정숙 권정혜
권정화 권정희 권주경 권지영 권지영 권지은 권초롱 권춘자 권혁신 권현선
권혜림 권혜자 권혜진 권호정 권효연 권희숙 금교준 금상권 금이순 금지혜
기옥숙 기운찬 기유라 김가영 김가현 김가희 김갑숙 김강민 김강수 김건우
김건이 김건중 김건희 김경 김경민 김경민 김경민 김경민 김경선 김경숙

김경아 김경애 김경애 김경애 김경애 김경양 김경옥 김경욱 김경화 김경화
김경화 김경희 김경희 김경희 김경희 김계연 김계정 김고운 김광자 김광필
김귀향 김규원 김근명 김근수 김근영 김근호 김금교 김금래 김금희 김기돈
김기숙 김기한 김길원 김나경 김나리 김나영 김나윤 김나정 김난영 김다은
김달님 김대광 김대성 김대욱 김대희 김도현 김도형 김도형 김도환 김동주
김동현 김동호 김동희 김동희 김두리 김둘숙 김라엘 김란 김란희 김막희
김말자 김말희 김명규 김명규 김명미 김명숙 김명숙 김명숙 김명옥 김명희
김명희 김명희 김무갑 김문경 김문경 김문규 김문호 김문희 김미경 김미경
김미경 김미경 김미경 김미래 김미령 김미령 김미선 김미선 김미선 김미성
김미소 김미숙 김미연 김미영 김미영 김미영 김미자 김미자 김미자 김미정
김미정 김미주 김미진 김미현 김미혜 김미화 김미희 김민규 김민규 김민서
김민서 김민서 김민섭 김민수 김민실 김민아 김민영 김민웅 김민유 김민유
김민재 김민정 김민정 김민정 김민정 김민정 김민주 김민주 김민준
김민지 김민지 김민회 김민희 김민희 김민희 김바다 김범중 김범필 김별하
김병록 김병필 김병희 김보경 김보경 김보라 김보선 김보연 김보영 김보정
김보평 김보혜 김복희 김봉민 김산 김산하 김삼미 김상미 김상희 김서령
김서연 김서영 김서준 김서준 김서진 김서현 김석순 김석현 김선경 김선경
김선녀 김선래 김선미 김선빈 김선식 김선애 김선영 김선영 김선영 김선영
김선영 김선유 김선임 김선자 김선중 김선혜 김선호 김선화 김선희 김선희
김선희 김선희 김성관 김성명 김성범 김성실 김성언 김성옥 김성완 김성은
김성준 김성진 김성호 김성희 김성희 김세걸 김세랑 김세민 김세원 김세은
김세중 김세진 김세진 김세진 김세화 김세희 김소영 김소영 김소영 김소정
김송이 김수근 김수린 김수민 김수민 김수선 김수아 김수연 김수연 김수자
김수자 김수정 김수진 김수진 김수진 김수향 김수현 김수현 김수현 김숙경
김숙림 김숙이 김숙현 김숙희 김순실 김순아 김순이 김순자 김순천 김순한
김순희 김순희 김슬아 김승연 김승은 김시언 김시우 김신영 김아영 김안나
김애자 김애자 김양균 김양미 김양희 김언경 김언호 김언희 김여민 김여숙
김여진 김연 김연경 김연교 김연량 김연서 김연선 김연선 김연숙 김연옥
김연옥 김연우 김연진 김연하 김영경 김영권 김영난 김영도 김영란 김영미
김영미 김영미 김영미 김영미 김영서 김영숙 김영숙 김영숙 김영순 김영식

김영심 김영애 김영옥 김영인 김영주 김영주 김영해 김영희 김영희 김영희
김영희 김영희 김영희 김영희 김예슬 김예은 김오연 김옥란 김옥신 김옥자
김옥희 김완희 김외숙 김요안 김요한 김용상 김용숙 김용원 김용철 김용현
김우건 김우경 김운자 김원길 김원식 김원자 김원중 김유경 김유경 김유미
김유미 김유미 김유향 김유희 김윤순 김윤영 김윤정 김윤주 김윤주 김윤희
김윤희 김윤희 김은경 김은경 김은경 김은미 김은미 김은미 김은선 김은선
김은수 김은숙 김은숙 김은숙 김은순 김은영 김은영 김은영 김은영 김은우
김은정 김은정 김은정 김은정 김은정 김은정 김은주 김은주 김은주 김은주
김은지 김은진 김은진 김은출 김은하 김은혜 김은혜 김은혜 김은화 김은희
김의지 김이레 김인곤 김인숙 김인숙 김인애 김인자 김인자 김인호 김인회
김일형 김자연 김자혜 김자희 김재경 김재민 김재민 김재숙 김재숙 김재신
김재원 김재은 김재은 김재이 김재평 김재현 김재희 김점순 김정룡 김정명
김정미 김정민 김정민 김정숙 김정숙 김정순 김정실 김정아 김정애 김정애
김정옥 김정용 김정윤 김정은 김정은 김정은 김정은 김정이 김정임 김정임
김정현 김정현 김정현 김정화 김정화 김정화 김정회 김정희 김정희 김정희
김제년 김종길 김종우 김종욱 김종원 김종원 김주남 김주영 김주은 김주현
김주혜 김주환 김주희 김주희 김준엽 김지나 김지민 김지민 김지선 김지선
김지수 김지수 김지숙 김지연 김지영 김지영 김지영 김지영 김지영 김지영
김지영 김지영 김지영 김지원 김지윤 김지은 김지은 김지종 김지현 김지현
김지현 김지현 김지현 김지혜 김진경 김진경 김진길 김진남 김진명 김진서
김진성 김진수 김진숙 김진영 김진옥 김진이 김진주 김진향 김진현 김진호
김진희 김진희 김찬기 김창선 김창숙 김창준 김창진 김창현 김채은 김청
김초롱 김태경 김태관 김태령 김태룡 김태연 김태연 김태우 김태윤 김태은
김태주 김태현 김태형 김태호 김태환 김태희 김하나 김하나 김학빈 김한겸
김한나 김한섭 김한성 김한솔 김한솔 김해민 김해선 김해숙 김해준 김행선
김향미 김향심 김현경 김현경 김현덕 김현미 김현미 김현민 김현서
김현숙 김현숙 김현승 김현실 김현애 김현자 김현정 김현정 김현정 김현정
김현정 김현정 김현정 김현주 김현주 김현주 김현진 김현희 김형경 김형도
김형숙 김형주 김형진 김혜련 김혜림 김혜선 김혜숙 김혜숙 김혜영 김혜영
김혜원 김혜자 김혜정 김혜정 김혜진 김혜진 김혜진 김혜진 김혜진 김혜진

김호경 김호중 김화자 김환희 김효리 김효민 김효선 김효임 김효정 김효진
김후성 김훈민 김훈의 김휘   김희경 김희경 김희경 김희경 김희란 김희성
김희성 김희옥 김희원 김희정 김희정 김희정 김희진 김희태

나경림 나선경 나선민 나영철 나용희 나우천 나윤하 나윤희 나종혁 나지수
나현승 나현주 나현주 남경숙 남경준 남계숙 남궁건 남궁린 남궁은숙 남권효
남규미주 남균희 남근후 남미선 남미진 남바 사야까 남수연 남수현 남연지
남영숙 남영식 남용희 남정석 남정연 남정이 남정희 남지민 남지연 남지호
남현주 노경미 노경숙 노남식 노동현 노미자 노미희 노민자 노보연 노성빈
노소연 노아현 노애란 노연경 노윤아 노은경 노은희 노인영 노점환 노정화
노준우 노차자 노형숙 노희숙

도미화 도복희 도연지연 도영숙 동금자 두양진

류미경 류수진 류영선 류영애 류재수 류정아 류정옥 류주희 류지혜 류현미
류희승

마장호 명민영 명연파 명정숙 모미라 모영신 문가은 문경숙 문경희 문동연
문무영 문미경 문미진 문민경 문민영 문새롬 문서현 문세경 문수양 문수정
문아인 문연희 문영미 문영선 문예슬 문예슬 문옥선 문은수 문은주 문인규
문재신 문정숙 문준혁 문지영 문지용 문지은 문진영 문진우 문창연 문채원
문필주 문향숙 문현준 문호종 문희경 문희복 문희정 민미경 민서영 민성숙
민여송 민정희 민태일

박가희 박건영 박경숙 박경연 박경옥 박경이 박경희 박관순 박구수 박규동
박근미 박금선 박금숙 박금자 박기제 박길훈 박나라 박나현 박나현 박남국
박다정 박다정 박다현 박동경 박명신 박명화 박목우 박미경 박미란 박미령
박미숙 박미숙 박미순 박미애 박미애 박미영 박미자 박미혜 박미홍 박민경
박민영 박민옥 박민정 박민태 박민형 박믿음 박범규 박병권 박보영 박봉재
박서연 박서우 박서윤 박서은 박서준 박서진 박선경 박선미 박선영 박선영

박선영 박선옥 박선이 박선주 박선준 박선희 박선희 박성문 박성민 박성용
박세연 박세융 박소선 박소영 박소영 박소율 박소진 박소현 박송이 박수경
박수진 박수진 박수진 박수현 박순경 박순남 박순연 박순옥 박순옥 박순자
박승보 박승애 박승호 박신자 박신자 박신자 박아로미 박애란 박에스더
박연미 박연순 박연심 박연혜 박연희 박영랑 박영렬 박영미 박영선 박영숙
박영숙 박영식 박영애 박영옥 박영욱 박영자 박영희 박예진 박예찬 박옥란
박옥연 박외숙 박용수 박용수 박우형 박운옥 박원규 박유진 박윤아 박윤정
박윤정 박윤화 박윤희 박은　　박은경 박은미 박은미 박은서 박은숙 박은영
박은영 박은영 박은정 박은주 박은주 박은진 박은진 박은찬 박은하 박은화
박은희 박의선 박이슬 박인이 박재동 박재영 박전채 박정남 박정림 박정미
박정미 박정심 박정영 박정우 박정은 박정의 박정하 박정현 박정현 박정현
박정화 박정후 박정훈 박정희 박정희 박제성 박종선 박종선 박종영 박종우
박종윤 박종철 박종호 박주연 박주영 박주영 박주원 박주홍 박준상 박준영
박준영 박준영 박준용 박중현 박지민 박지영 박지영 박지이 박지혜 박지혜
박지희 박진수 박진실 박진영 박진혜 박진혜 박차복 박찬익 박찬주 박창건
박창숙 박채란 박채윤 박천제 박춘화 박춘화 박태찬 박태찬 박한나 박해련
박해옥 박혁거세 박현숙 박현숙 박현숙 박현옥 박현옥 박현전 박현정 박현정
박현진 박혜경 박혜경 박혜경 박혜련 박혜선 박혜숙 박혜영 박혜정 박혜희
박환철 박희성 박희연 박희옥 박희정 박희진 박희찬 반영선 반정록 반정하
방기정 방숙자 방유민 방정인 방희영 배금영 배동건 배명숙 배민정 배서현
배선희 배소라 배양숙 배영선 배영희 배은주 배은희 배익준 배인경 배정숙
배주영 배지연 배지은 배지현 배하율 배현명 배혜령 배화장 배화장 백가희
백경민 백경연 백대현 백민정 백성숙 백수원 백승미 백승빈 백승우 백연선
백영숙 백은하 백정애 백지영 백하은 백현숙 백혜경 변선희 변재규 변정명
변정인 변혜림 봉은숙 부예린 부원종 비비나 수녀

사공진 서경미 서경희 서계원 서단오 서명주 서미선 서미정 서미화 서민경
서민영 서보영 서석현 서성미 서성우 서송희 서승미 서연미 서옥선 서우리
서우연 서유리 서은자 서은희 서인희 서재관 서정석 서정일 서정현 서준원
서지원 서지원 서지훈 서진아 서진원 서태희 서해림 서현경 서희원 석경희

석미화 석주희 선미란 선재규 설동남 설민규 설서진 설서희 설인숙 설정윤
설해근 성경숙 성나영 성다솔 성삼제 성승철 성유란 성유리 성은녕 성지연
성찬　 성찬　 소경은 소병규 소영지 소은혜 소재두 소재현 소진형 손경숙
손경희 손기영 손기윤 손명진 손미경 손미숙 손보음 손선화 손성규 손수련
손승현 손아영 손애영 손은숙 손은주 손인욱 손자연 손점남 손정아 손정현
손지민 손지우 손현목 손현주 손홍민 손효선 손효정 손희진 송규자 송덕희
송도겸 송명숙 송문석 송미옥 송미이 송미자 송민정 송민정 송민주 송병대
송봉종 송서영 송성림 송소원 송수경 송수진 송수진 송숙희 송순옥 송순희
송승희 송시은 송아리 송영미 송영실 송영주 송영현 송영희 송우주 송원경
송윤교 송은아 송은자 송은지 송인영 송인현 송정민 송정연 송정후 송정희
송정희 송지영 송지영 송지은 송지형 송진희 송충섭 송현숙 송현주 송현주
송현주 송혜원 송혜진 송호권 송희정 신가온 신건희 신경애 신계숙 신기석
신동재 신동희 신미경 신미정 신민하 신봉화 신상숙 신상현 신서연 신선미
신선영 신선옥 신설아 신성하 신성혜 신수자 신순례 신순자 신순희 신승애
신승환 신승희 신아영 신애란 신언　 신연옥 신연주 신영숙 신영주 신유경
신윤행 신은미 신은영 신은정 신은정 신은진 신재민 신정애 신정희
신주희 신지숙 신진선 신진영 신진희 신철　 신한주 신해숙 신현미 신현숙
신현주 신현지 신현진 신현태 신형인 신효주 신훈민 심경희 심나현 심명자
심미숙 심미정 심민희 심수향 심양수 심원량 심원양 심유미 심윤경 심은영
심은희 심준호 심지은 심혜경

안경진 안명옥 안미란 안미해 안민효 안보근 안삼현 안성균 안성례 안성희
안세아 안소민 안소정 안송운 안수한 안승찬 안신영 안연태 안용자 안유나
안은영 안은영 안은정 안재원 안정림 안정희 안정희 안주연 안주영 안준수
안중만 안지우 안지호 안진영 안진혁 안진희 안채원 안치훈 안해민 안현주
안현준 안현지 안혜원 안효숙 안효정 안희경 안희진 양기수 양나희 양미란
양미란 양미영 양미영 양미자 양민희 양병건 양보영 양신이 양영금 양원아
양윤경 양윤영 양은숙 양은영 양재옥 양재형 양정복 양정숙 양정옥 양정화
양지선 양지수 양지숙 양지인 양지현 양지혜 양지혜 양춘아 양춘희 양태훈
양현미 양현정 양혜윤 양희란 양희선 엄강민 엄건숙 엄돈분 엄민영 엄은선

엄재호 엄정민 엄주원 엄태정 엄형수 여민정 여성구 여은경 여지영 여차숙
여태전 여태훈 여현순 여호수 여희경 여희숙 여희숙 연경희 염가영 염슬아
염정삼 염정신 염혜윤 예성수 예영미 오가을 오경애 오기출 오덕수 오동학
오맷돌 오명주 오미나 오미라 오새봄 오선영 오선혜 오성근 오성찬 오성희
오세련 오세범 오수민 오수희 오순이 오승민 오승준 오안나 오영순 오영희
오예진 오용주 오유경 오윤실 오윤주 오은영 오은정 오은정 오은주 오인섭
오자자 오정인 오정임 오정택 오치근 오관진 오해균 오해림 오현영 오현주
오형준 오혜린 오혜정 오효순 온정은 용준희 우미진 우승연 우승현 우애정
우연미 우영미 우영식 우예지 우인숙 우인혜 우지영 원경미 원남용 원용주
원정원 원종희 원진하 원치만 원화자 위성신 유경숙 유경순 유경영 유광연
유근란 유근하 유남희 유도영 유미진 유민혁 유보영 유상조 유성필 유소정
유소정 유수연 유숙현 유승현 유신혜 유아주 유애선 유연정 유영애 유영애
유영애 유영옥 유영은 유영재 유영초 유옥진 유은경 유은비 유은혜 유인영
유정연 유정화 유주연 유주열 유지연 유지혜 유진아 유진아 유진영 유창선
유창우 유치훈 유태호 유해선 유향춘 유형록 유혜림 유혜원 유혜정 유혜진
윤경   윤경숙 윤명숙 윤명자 윤미라 윤미연 윤민서 윤보민 윤상민 윤서영
윤서진 윤석민 윤선경 윤선덕 윤선희 윤성아 윤성원 윤소영 윤송아 윤수민
윤숙향 윤승용 윤승용 윤영덕 윤영란 윤영민 윤영서 윤영자 윤영채 윤영태
윤윤수 윤은경 윤은경 윤은덕 윤은자 윤은진 윤은희 윤재성 윤재성 윤재숙
윤정아 윤정은 윤정홍 윤정후 윤주옥 윤지선 윤지송 윤지영 윤지원 윤지은
윤지현 윤지현 윤하람 윤하율 윤향화 윤현숙 윤혜림 윤혜영 윤혜인 윤혜자
윤희정 은일영 은종복 이가은 이강원 이건형 이경   이경아 이경윤 이경은
이경자 이경종 이경진 이경희 이경희 이경희 이계숙 이관우 이광민 이광민
이광일 이교선 이귀련 이귀숙 이규만 이규상 이규순 이규정 이금주 이금휘
이금희 이기쁨 이기수 이기숙 이기은 이기주 이나래 이나래 이도겸 이도경
이동궁 이동윤 이동재 이동훈 이란   이만식 이명수 이명숙 이명숙 이명숙
이명순 이명우 이명학 이명호 이명희 이명희 이무숙 이문정 이미경 이미경
이미리 이미성 이미숙 이미숙 이미숙 이미애 이미자 이미정 이미정 이미향
이미현 이미형 이미화 이미화 이미희 이미희 이미희 이민언 이민정 이민한
이민화 이민희 이병숙 이병재 이보나 이보령 이보연 이보형 이보혜 이복순

이복주　이복희　이복희　이봉태　이사악 수녀　이상경　이상란　이상목　이상미
이상미　이상연　이상욱　이상임　이상종　이상준　이상철　이상해　이상훈　이상희
이상희　이상희　이서경　이서연　이서영　이서영　이서현　이석　　이선　　이선경
이선구　이선근　이선남　이선미　이선미　이선순　이선실　이선아　이선영　이선영
이선영　이선옥　이선용　이선용　이선용　이선자　이선지　이선진　이선하　이선화
이선화　이선희　이설빈　이성숙　이성연　이성열　이성원　이성정　이성현　이성훈
이성희　이성희　이성희　이세라　이소은　이소정　이수경　이수미　이수열　이수옥
이수원　이수인　이수정　이수정　이수진　이수진　이수진　이수호　이수환　이수희
이숙매　이숙현　이숙현　이숙현　이숙희　이순영　이순영　이순주　이순호　이순화
이승미　이승민　이승민　이승범　이승복　이승준　이승현　이승혜　이승희　이시윤
이시훈　이신엽　이안　　이안나　이안정　이양지　이언숙　이연수　이연숙　이연식
이연아　이연아　이연임　이연정　이연희　이연희　이영규　이영근　이영남　이영매
이영미　이영미　이영미　이영미　이영민　이영분　이영선　이영수　이영수　이영숙
이영애　이영옥　이영주　이영주　이영주　이영채　이영형　이영희　이예소　이예원
이예윤　이예지　이예지　이예찬　이옥순　이옥준　이옥희　이완순　이용순　이용창
이용창　이용태　이운렬　이원경　이원희　이유나　이유리　이유리　이유주　이유진
이윤　　이윤선　이윤아　이윤우　이윤정　이윤정　이윤직　이윤채　이윤희　이윤희
이은　　이은경　이은경　이은경　이은경　이은미　이은숙　이은숙　이은숙　이은숙
이은실　이은아　이은영　이은영　이은영　이은우　이은정　이은정　이은주　이은주
이은주　이은지　이은진　이은혜　이은희　이인서　이인숙　이인식　이인자　이인지
이인희　이재관　이재규　이재민　이재숙　이재숙　이재영　이재원　이재원　이재현
이정경　이정근　이정량　이정미　이정미　이정선　이정섭　이정숙　이정숙　이정숙
이정아　이정아　이정아　이정우　이정우　이정은　이정인　이정호　이정훈　이정훈
이정희　이정희　이정희　이정희　이정희　이제웅　이제이　이종연　이종훈　이주연
이주연　이주연　이주연　이주연　이주영　이주영　이주원　이주하　이주호　이준
이준성　이준수　이준영　이준희　이지민　이지선　이지수　이지숙　이지안　이지애
이지연　이지연　이지연　이지연　이지영　이지영　이지영　이지영　이지영　이지영
이지완　이지우　이지은　이지은　이지은　이지향　이지현　이지현　이지현　이지환
이지후　이진　　이진경　이진규　이진선　이진아　이진영　이진용　이진우　이진원
이진희　이찬우　이찬희　이찬희　이창득　이채영　이채율　이청옥　이춘녀　이춘숙

이춘연 이춘연 이춘희 이탁　이태동 이태윤 이태인 이하영 이하윤 이하윤
이하은 이하정 이하정 이학주 이한결 이한상 이항근 이해경 이해담 이해미
이향숙 이현　이현경 이현숙 이현정 이현정 이현제 이현주 이현주 이현주
이현주 이현주 이현주 이현주 이현지 이현진 이현하 이현호 이형도 이형자
이형준 이혜경 이혜경 이혜순 이혜순 이혜영 이혜정 이혜진 이혜진 이호용
이홍걸 이홍숙 이화수 이화엽 이환성 이환태 이효경 이효남 이효린 이효엽
이효인 이효준 이효진 이효진 이희라 이희숙 이희숙 이희옥 이희정 이희정
이희정 이희진 이희호 인경화 임건홍 임경희 임근영 임누림 임동신 임동진
임동현 임률　임명주 임명현 임무건 임미경 임미경 임미은 임미정 임미현
임민하 임보라 임보라 임상숙 임서율 임성자 임세윤 임소연 임소정 임수민
임수연 임수연 임수정 임수진 임수필 임수형 임수희 임승종 임애련 임여진
임영님 임영란 임영신 임영지 임용선 임원자 임은진 임재윤 임정연 임정진
임정현 임주경 임주연 임주원 임준형 임준희 임지애 임지하 임지현 임지현
임지현 임창진 임채임 임푸른 임한결 임현석 임현숙 임현아 임형기 임형성
임형임 임형주 임혜빈 임혜연 임혜영 임호성 임호진 임홍택 임효정 임희정

장미경 장미영 장미영 장민아 장민정 장범희 장봉금 장상윤 장서윤 장선희
장성현 장세은 장세형 장순주 장양선 장양순 장연수 장영미 장영미 장영숙
장예원 장오영 장옥현 장우성 장원선 장원진 장원택 장원희 장유나 장윤정
장윤주 장은실 장점숙 장정원 장정윤 장정은 장주희 장준석 장지욱 장진석
장채원 장현민 장혜경 장혜림 장혜영 장혜영 장호선 장호숙 장희정 전경란
전경옥 전규자 전근완 전다운 전대선 전명국 전미숙 전백록 전보근 전상화
전성희 전세련 전소정 전송이 전수진 전숙경 전영인 전영자 전요한 전우찬
전윤주 전인순 전정윤 전정현 전지은 전지후 전지훈 전진영 전진영 전진호
전충진 전향순 전현민 전현선 전현욱 전현자 전현정 전현주 전현진 전혜경
전혜경 전홍재 정갑수 정경림 정경주 정경화 정광일 정광재 정귀임 정규진
정근수 정금순 정금현 정금현 정기숙 정기연 정기인 정길용 정길자 정나형
정남선 정다운 정다움 정다은 정란희 정명순 정미경 정미란 정미란 정미순
정미영 정미영 정민경 정민기 정민석 정민재 정민지 정민화 정병규 정복순
정봉선 정서현 정석광 정석원 정선옥 정선주 정성관 정성면 정성엽 정성태

정성환 정세훈 정소영 정소영 정수정 정수진 정수철 정수희 정숙자 정숙현
정순영 정승연 정승현 정승훈 정신애 정아림 정아인 정아준 정애령 정애리
정애숙 정여진 정연미 정연승 정연은 정연자 정연희 정영미 정영선 정영선
정영신 정영자 정영현 정예슬 정옥남 정옥순 정옥자 정용문 정우석 정운랑
정유나 정윤성 정윤정 정윤철 정윤희 정은경 정은미 정은미 정은선 정은선
정은선 정은숙 정은숙 정은아 정은영 정은영 정은정 정은주 정은진 정은하
정은혜 정은화 정이슬 정이원 정인회 정재민 정재연 정재영 정재우 정재희
정정욱 정종신 정중현 정지민 정지선 정지성 정지순 정지영 정지영 정지은
정지환 정지효 정진 정진숙 정진아 정진홍 정진화 정진희 정진희 정철호
정태석 정태호 정하영 정항철 정향철 정현경 정현아 정현우 정현이 정현자
정현회 정혜경 정혜선 정혜송 정혜숙 정혜원 정혜인 정호중 정환웅 정훈
정훈희 정희숙 정희영 정희진 제다경 제다혜 제선희 제소라 제시카 수녀
조경삼 조경숙 조경인 조금화 조기웅 조남요 조덕주 조만재 조명신 조명희
조미경 조미라 조미선 조미숙 조미숙 조미현 조미형 조민숙 조민아 조민정
조병범 조병희 조부민 조서연 조서연 조서희 조선영 조성신 조성진 조성현
조성환 조세진 조소영 조수경 조수진 조순우 조승진 조신영 조아련 조애경
조연민 조연숙 조연우 조연학 조영 조영숙 조영승 조영실 조영옥 조영이
조영인 조용근 조용순 조용희 조우나 조원희 조유나 조윤경 조윤미 조은순
조은재 조은지 조은진 조은희 조이정 조인향 조전희 조정은 조정은 조정은
조정은 조정희 조종숙 조중현 조진주 조채연 조철현 조춘미 조태희 조하나
조항미 조해린 조해성 조현목 조현진 조형제 조혜경 조혜란 조혜연 조호현
조화연 조화자 조화자 조희정 좌명희 좌세준 주경옥 주경자 주선미 주선미
주선영 주소연 주소영 주소이 주중식 주채영 주혜경 주희 지남주 지미현
지선명 지수환 지예은 지자영 지현정 지혜린 진다미 진두성 진미숙 진민정
진소라 진승희 진시황 진연수 진옥년 진윤경 진윤경

차규근 차명진 차미탁 차영근 차영은 차영채 차옥선 차원준 차유경 차은혜
차인순 차정찬 차정화 차정훈 차현정 차혜정 차홍선 채미용 채민주 채봉식
채순금 채영신 채윤미 채은아 채희숙 천권환 천명자 천세경 천승희 초문정
최가영 최가희 최강토 최강토 최강현 최강훈 최경숙 최경아 최경애 최경욱

최경혜 최관의 최광민 최광원 최권현 최귀숙 최규석 최난희 최난희 최동희
최룡 최린 최명락 최문영 최미랑 최미숙 최미순 최미애 최미영 최미영
최미옥 최미향 최민솔 최민수 최민지 최민희 최민희 최병찬 최복수 최복자
최봉근 최상국 최상현 최상희 최서윤 최서정 최선아 최선영 최선영 최선주
최성준 최성훈 최성훈 최세경 최세민 최소영 최소희 최솔 최수연 최수연
최수희 최순아 최순이 최순조 최승아 최승옥 최양희 최연옥 최연정 최연지
최영경 최영미 최영수 최영숙 최영순 최영주 최영주 최영화 최영희 최예린
최옥순 최욥 최용 최운철 최원영 최원정 최원진 최원혁 최유나 최유빈
최유진 최윤규 최윤미 최윤서 최윤성 최윤정 최윤지 최은규 최은길 최은비
최은숙 최은숙 최은영 최은우 최은진 최은하 최은희 최인석 최재경 최정선
최정아 최정연 최정윤 최정현 최정혜 최정화 최정희 최주영 최준규 최준영
최준형 최지원 최지현 최진 최진경 최진경 최진우 최진희 최춘수 최치숙
최칠옥 최혁재 최현덕 최현아 최현정 최현정 최현주 최현주 최현지 최혜빈
최혜영 최혜정 최훈산 최희옥 최희준 추승우 추준호

탁재희 탁지훈

표미숙 표은애

하건예 하나래 하늘꽃 하봉수 하성욱 하송자 하용승 하유리 하은경 하은정
하지예 하진미 하진우 하춘선 하현 하현수 하현진 한강수 한경화 한계선
한금윤 한나라 한나미 한동희 한명자 한미숙 한미정 한미화 한상묵 한상수
한상익 한상진 한성심 한송이 한송이 한수민 한수정 한슬기 한승민 한승재
한아름 한연숙 한영금 한영미 한용희 한운성 한원형 한유리 한윤진 한은경
한은선 한은선 한은자 한장호 한재희 한정아 한주경 한지민 한지영 한지환
한진수 한진영 한진영 한필규 한홍구 함미선 함성령 함성인 함학식 함형심
허경림 허경애 허기 허남석 허동현 허미숙 허선영 허소윤 허소희 허소희
허송희 허순영 허순임 허영희 허운정 허은옥 허은화 허정숙 허정윤 허주행
허현미 허현성 허홍숙 허효남 현나미 현선식 형유빈 형은경 홍경숙 홍경숙
홍경화 홍광선 홍근영 홍동화 홍리리 홍명수 홍문주 홍문주 홍미란 홍미정

204

홍미현 홍미희 홍민서 홍민영 홍선영 홍선희 홍성자 홍세민 홍세연 홍세영
홍승영 홍실 홍연남 홍연남 홍윤경 홍은희 홍은희 홍인걸 홍정주 홍학란
홍해숙 홍혜연 황광석 황금정 황남구 황다빈 황다혜 황명호 황미경 황미라
황미숙 황미순 황미진 황병석 황보매 황봉률 황선아 황선애 황선준 황소정
황수경 황예인 황원일 황유진 황윤영 황윤주 황인택 황정인 황종미 황지숙
황지원 황지은 황지혜 황진경 황진희 황진희 황철하 황학영 황한수 황해인
황현빈 황현숙 황현정 황혜원 황효진

동양평화론

초판 1쇄 인쇄일 2019년 6월 10일
초판 1쇄 발행일 2019년 6월 15일

지은이 안중근
만들고 옮기고 풀이한 이 곽문석 김은숙 김태주 안재원 윤재성
펴낸이 여희숙

기획 독도글두레 **편집** 박희진 **디자인** urbook

펴낸곳 독도도서관친구들 **출판등록** 2019년 4월 25일 제2019-000128호
주소 서울특별시 마포구 동교로 114, 태복빌딩 301호 (서교동)
전화 02-571-0279 **팩스** 02-323-2260 **이메일** yeoyeoum@hanmail.net

ISBN 979-11-967279-1-8 04910
ISBN 979-11-967279-0-1 (세트)
값 15,000원

• 잘못 만들어진 책은 구입하신 서점에서 바꿔드립니다.

이 도서의 국립중앙도서관 출판시도서목록(CIP)은 e-CIP홈페이지(http://www.nl.go.kr/ecip)와
국가자료공동목록시스템(http://www.nl.go.kr/kolisnet)에서 이용하실 수 있습니다.
(CIP제어번호: CIP2019022548)